천년을 이어온
궁궐목수의 삶과 지혜

마츠우라 쇼우지 저
윤재철 역

머리말

일본에서 오래된 목조건축물을 관람할 때 여러분은 어느 부분을 주목하여 보십니까? 수백 년의 세월을 거치면서 풍우에 시달린 목조건물의 겉모양이나 오중탑의 높이에 감탄하실지 모르겠지만 만약 오중탑과 본당의 「처마의 선」이 똑바르게 직선으로 되어 있었다면 과연 그런 건축물의 아름다움을 진정으로 느꼈다고 할 수 있을까요?

전통적인 일본 사찰건축물의 아름다움의 원천은 끝 모서리 근처에서 부드럽게 휘어져 가는 화려한 「휜 처마」에서 나오는 것입니다. 그리고 옛 목수들의 지혜와 기술을 가장 잘 나타내고 있는 것이 「휜 처마」인 것입니다. 콘크리트나 철골이라면 어떤 곡선을 만들어 내는 것도 자유자재로 할 수 있겠지만 나무를 짜맞추어 만든 아름다운 곡선 즉 「휜 처마」를 나타낼 수 있었던 것에는 매우 고차원적인 기술이 필요했던 것입니다.

저는 국보나 문화재인 궁궐을 수리하는 궁궐목수입니다. 어릴 때부터 쭉 궁궐목수 일을 계속해 오고 있는데 그런 가운데서 멋있는 건축물을 접하게 되면서 독특한 일본의 미를 창출해 냈던 옛 목수들의 지혜를 알게 되었습니다. 지금도 옛날 목수들이 했던 일의 발자취들을 더듬어 보면서 그들의 멋있는 지혜를 공부하며 나날을 지내고 있습니다.

그래서 70세가 된 지금 일본에 태어난 것이 정말 잘한 것이라고 마음깊이 생각하고 있습니다. 일본은 비가 많이 오기 때문에 그 은혜로 토지가 비옥하고 또 그 덕택으로 멋있는「나무의 문화」가 생겨난 것입니다. 나무를 사랑하고 나무를 살리는 문화 말입니다. 나무의 모양이나 재질, 그 향기를 사랑하고 각각 그 나무의 성질을 살려서 가장 유용하게 이용하는 것입니다.

「나무의 문화」는 다른 어떤 나라로부터 수입된 것이 결코 아닙니다. 건축양식은 중국의 영향도 받고 있습니다만 중국으로부터 기술이 수입되기 훨씬 이전부터 일본의 풍토에 뿌리를 둔 「나무의 문화」라는 것, 즉 나무를 살리는 지혜가 있었습니다.

그「나무를 살리는 지혜」의 결정체가 그토록 아름다운「흰처마」속에 녹아 흐르고 있습니다.

이 책을 읽는 여러분들에게 옛날 목수들의 지혜, 천년도 넘는 세월에 걸쳐 이어져 온 옛 일본인의 지혜(英知)를 조금이라도 전달될 수 있기를 바라면서 목조건축물의 매력을 재발견하는 계기가 되기를 바라마지 않겠습니다.

2000년 초여름 야마구치현 호우후에서
궁궐목수(문화재수리목수) 마츠우라쇼우지

차 례

머리말 … 1

제 1장 참새와 목수는 처마에서 운다. … 7
-가마쿠라와 무로마치 시대에 꽃피운 일본적 美의 곡선

오중탑 - 그 아름다움의 비밀 … 9
일본적「美」에 얼마나「휜 처마」가 중요한가. … 13
엷은 화장을 한 일본 미인 … 18
옛날의「히노키」와 현대의「히노키」는 무엇이 다른가. … 22
컴퍼스와 곱자 기술로「루트계산」도 할 수 있다. … 25
목수의 마음을 전할 수 있는「삼종(三種)의 신기(神器)」… 31
백년 후를 의식한 지혜와 연구 … 36

제 2장 목조건축에 숨겨진 일본인의 지혜(英知) … 41
- 옛 건축물은 어떻게 천년의 생명을 가질 수 있었을까

차 례

히노키 만이 아닌 옛 건축물의 멋 … 43
주춧돌과 기둥 - 습기를 피하는 지혜 … 47
지진에 강한 「가로대」 구조의 멋 … 52
못과 나무가 궁합이 맞지 않는 이유 … 55
「기둥 받침목」 보다도 「흙벽」이 뛰어난 이유 … 58
왜 「상량식」이라고 하는가. … 62
아름다운 처마를 만들기 위해 필수 불가결한 「서까래」 연구 … 64
기둥과 기둥 사이의 치수가 우수리 숫자가 되는 이유 … 70
「개구리다리」로도 알 수 있는 일의 옳고 그름 … 73
목조건축・오중탑은 왜 쓰러지지 않는가. … 76
다보탑에 숨겨진 놀라운 지혜 … 79
「와쿠기(일본 못)」는 다시 제련해서 칼을 만든다. … 84
중세건축의 우수함을 보여주는 해주산사 오중탑 … 88
왜 일부러 균형을 깨뜨리는가. … 94
「히요쿠이리모야즈쿠리」의 유일한 결점 … 97
「아름답게 보여준다」고 하는 끝없는 탐구심 … 102

제 3장 「나무의 문화」는 왜 계속 쇠퇴해 가는가. … 109
　　- 문화재를 지키는 수리, 오히려 부수는 수리

　　　나무를 살리기 위한 갖가지 지혜 … 111
　　　손쉽게 일하는 분위기가 만연하게 된 이유 … 117
　　　일본 건축의「아름다움과 순수함」은 어디에 있는가. … 121
　　　실제로 나무를 만지는 것이야말로 곧 아는 것 … 125
　　　목수의 자존심을 말해주는 상량식의 전설 … 129
　　　목재를 조립하기 위한「에반즈케」… 132
　　　「한 푼이나 두 푼 차이는 기생의 미소」라는 의미 … 135
　　　궁궐목수는 어디에 소속되어 있는가. … 138
　　　지키고 싶은 세계에 자랑할 만한 「나무의 문화」… 142

제 4장 전국을 돌아다니는「떠돌이 도편수」… 147
　　- 옛날에 좋았던 "직공의 세계"

차 례

나의 출발점 - 평등원 봉황당 … 149
기삼정사에서 만난 은사로부터 배운 것 … 154
다른 사람의 밥을 먹어 보아야 인내를 안다 … 157
「도편수」가 되기 위하여 필요한 것은 무엇인가 … 161
일본 각 지방별로 다른 「문화 차이」 … 166
국분사는 왜 사라졌는가. … 171
법륭사의 밤에 울리는 「풍경소리」 … 175
유령의 정체를 보여주는 마른 억새풀 … 179
천년 전의 목수와 「날마다 대화」하기 … 181

다시 출판하면서 쓴 후기 … 187
역자 후기 … 189

참새와 목수는 처마에서 운다.

-가마쿠라와 무로마치 시대에 꽃피운 일본적 美의 곡선

 오중탑
– 그 아름다움의 비밀

　목수들의 세계에서는「참새와 목수는 처마에서 운다.」고 하는 말이 있습니다. 참새는 처마에서 지저귀고 목수는 처마에서 수고를 한다고 하는 의미입니다. 솜씨가 좋지 않은 목수가 처마를 만들지 못해서 운다고 하는 의미는 아닙니다. 아마 그런 목수도 있을지는 모르지만 이 말의 진정한 의미는 처마를 만드는 것이 그 정도로 어렵고 그것이야말로 목수의 진정한 솜씨를 보여주는 것이 된다고 하는 것입니다. 처마는 이처럼 중요한 것입니다. 전통적인 일본 건축의 아름다움은 누구라도 인정하듯이 그 아름다움의 상당히 많은 부분이 처마를 어떻게 표현하느냐에 달려있다고 말할 수 있습니다.
　정말 모양과 색깔이 잡다하게 많은 건축물이 있는 도회지에서는 처마의 중요함에 신경 쓸 겨를이 거의 없다고 생각되지만 예를 들면 맑게 갠 가을 하늘을 배경으로 불쑥 처마가 걸쳐있는 모습은 뭔가 말할 수 없을 정도로 좋은 것입니다. 그 없어서는 안 될 선. 부드러우면서도 강인한 힘을 감추고 있는 휘어진 모양. 그것이야말로 일본적인 美라고 생각합니다. 특히 사찰을 건축할 때는 처마가 상당히 중요합니다.
　잠시 상상을 해 보십시오. 만약 오중탑의 처마가 직선이라면 어떻게 되었을까요? 맛도 재미도 없을 것입니다. 휘어진 처마가 있기 때문에 그렇게 단정한 탑의 모습이 되는 것입니다. 그러므로 목조 건축물에서 처마의 휜 부분을 빼내버리고 생각한다는 것은 상상할 수 없습니다. 철골과 콘크리트를 사용한다면 어떠한 곡선도 비교적 간단하게 만들어 낼 수가 있습니다. 그렇지만 나무로는 그렇게 쉽지는 않습니다. 그래서 옛날 목수들은 처마를 만들 때 가장 수고를 많이 했던 것입니다. 그래도 수고한 만큼 가치가 있다고 생각해서 수고를 했던 것입니다.

그런 수고가 가장 풍부한 결실을 맺고 꽃을 피웠던 것은 중세라는 시대였습니다. 중세건축 이라고 하는 단어에는 친숙하지 않는 사람도 있겠지만 가마쿠라, 무로마치 시대의 건축물을 의미합니다. 그 이전 시대인 아스카, 나라, 헤이안시대의 건축물을 고대건축 이라고 합니다.

저는 국보와 중요한 문화재로 지정된 옛 건축물을 수리하는 일을 하고 있습니다. 말하자면 「궁궐목수」입니다. 宮이라는 문자를 보면 문득 신사를 연상해 버리게 되는데 궁궐목수라고 하는 것 보다는 사찰목수라고 불러 주시는 편이 마음 편하다고 생각됩니다. 지금은 궁궐목수라는 말을 보편적으로 쓰고 있으니까 그렇게 불러도 상관은 없습니다. 사실 저는 신축하는 일은 거의 하지 않고 있으니까 문화재 전문 수리목수라고 부르는 것이 가장 정확한 호칭이 되겠죠?

어릴 때부터 아버지로부터 배워 궁궐목수가 되어 벌써 70세가 됩니다. 지금도 해체 수리의 현장에서 일을 맡아 하고 있습니다. 지금까지 국보와 문화재 수리 공사를 합해서 30채 이상이 제 손을 거쳐 갔습니다. 국보만 세어도 5채나 됩니다.

지금은 에도시대에 재건된 야마구치현의 주방국분사(周防国分寺)의 금당을 해체 수리하는 일을 하고 있습니다. 여기는 1997년에 공사가 시작되었고 2005년까지 8년간에 걸쳐서 해체와 조사, 수복을 할 예정입니다. 중요문화재 건축물을 수복하는 일은 완성될 때까지 수년이 걸리는 경우가 흔히 있는 일입니다.

저는 시즈오카현의 후지에다에서 태어나서 후지에다에서 자랐지만 지금 일하고 있는 야마구치의 사찰 뿐 만이 아니고 후쿠시마로부터 미야자키까지 전국 각지의 문화재를 돌아다니며 수리해 왔습니다. 그런 목수를 「떠돌이 목수」 라든가 「떠돌이 도편수(목수들의 우두머리)」 라고 부르기도 합니다. 자기가 살고 있는 지역의 사찰이나 신사의 일만을 하는 목수도 있습니다. 또 국보나 중요문화재 수리공사가 전문인 건설회사의 직원이 된 목수도 있습니다. 그러나 저는 그 어느 쪽도 아닌 「떠돌이 목수」가 된 것입니다. 불러주기만 하면 어디라도 가서 일을 합니다.

국보나 중요문화재를 수리한다고 해서 특별한 대우를 받는 것도 아니고 오랫동안 집을 떠나서 일을 하지 않으면 안 되기 때문에 요즘의 젊은이들에게 저와 비슷한 일을 권한다고 하면 조금은 무리일지 모르겠습니다. 지금은 저처럼 어느 회사에도 소속되지 않고 찾는 곳이 있으면 전국 어디라도 달려가서 일을 하는 궁궐목수가 거의 없습니다.

제가 수리해 왔던 것은 주로 중세 건축물입니다. 어떤 이유에서 중세 건축물을 주로 수리하게 되었느냐고 묻는 사람도 있었지만 그런 식의 질문이 가장 곤란합니다. 실은 중대한 이유가 없기 때문이지요. 솔직하게 대답한다면 우연히 돌아다니면서 그렇게 만난 것이라고 밖에 말할 수 없습니다. 별도로 중세건축물만 수리하려고 생각해서 궁궐목수가 되는 경우는 없습니다. 단지 저의 아버지도 궁궐목수 일을 해서 이런 세계에 발을 들여놓기가 쉬웠다는 것은 사실입니다.

그러나 그렇게 해서 궁궐목수가 되고 보니 우연히 중세건축물의 수리기간과 겹치게 되었고 그래서 중세건축 일을 많이 맡게 되었습니다. 일본의 옛날 건축물이라고 하는 것은 2백년, 3백년의 단위로 수리를 해 오고 있기 때문에 법륭사처럼 1,400여년씩이나 그대로 보존되는 일이 가능합니다. 제가 일을 하고 있는 시대가 우연히 중세건축물의 수리기간과 겹치게 된 것입니다. 그래서 자연스럽게 중세건축의 일을 많이 맡아서 하게 되었습니다.

　이것은 정말 행운이라고 생각합니다. 그 덕분에 정말로 멋있는 건축물을 많이 접할 수가 있었습니다. 중세의 건축물은 최고수준입니다. 물론 고대 건축과 근세 건축이 훌륭하지 않다고 하는 것은 아닙니다. 특히 국보로 지정되어있는 건축물은 어떤 시대를 불문하고 어떤 건축물이라도 정말 훌륭한 것들입니다. 중요문화재와 국보로 지정되기 위해서는 각각의 지정기준이 있습니다만 그런 기준보다도 건축물 그 자체만으로도 뭔가 다르다는 것을 한눈에 느끼게 됩니다. 국보로 지정될만한 건축물은 어느 것이든지 그것만의 독특한 점이 있습니다.

　단지 목수인 저의 눈으로 볼 때 훌륭하다고 생각하는 것은 중세 건축물이 압도적으로 많습니다. 중세 건축물은 그렇게 중요하지 않다고 말하는 전문가도 적지 않습니다만 저는 일본 건축물의 강인함과 아름다움이 최고로 조화되어 있는 것은 중세건축이라고 생각합니다. 수많은 중세건축물을 이런 안목으로 보고 또 실제로 접하는 가운데서 저는 그렇게 생각하게 되었습니다. 그 중세건축의 아름다움을 상징하는 것이 바로「휜 처마」입니다.

일본적 「美」에 얼마나 「휜 처마」가 중요한가.

중세건축의 좋은 것들이 세토나이 지역에 많습니다. 이렇게 말하면 의외라는 생각을 갖는 사람이 있을지는 모르지만 확실하게 국보로 지정된 건축물 수만 비교해 보면 쿄토가 가장 많고 시가현, 나라를 중심한 긴키 지역에 많습니다. 당시 도읍지는 계속해서 이쪽 지역에 있었습니다. 불교의 중심도 이 지역이었기 때문에 당연히 긴키 지역에는 국보로 지정될만한 건축물이 많았던 것입니다.

그러나 중세라는 시대를 따로 떼어 생각한다면 어느 지역에 좋은 건축물이 있었느냐 하면 그것은 세토나이 지역인 것입니다. 질적인 면에서나 숫적인 면에서도 세토나이 바다를 낀 해안지역에서 많이 보이고 있습니다. 중세시대의 세토나이 지역은 항로가 발달하는 등의 영향을 받아 경제적으로도 번영하고 있었고 신앙심도 강한 점이 있었습니다. 이런 경제력과 신앙심을 기반으로 하여 기술적인 면에서도 또한 그 자태의 면에서도 뛰어난 건축물이 많이 생겨난 것이 중세 세토나이 지역이었습니다.

제가 수리를 맡았던 건축물중 가장 아름답다고 생각하고 있는 건축물도 세토나이 지역에 있습니다. 그것은 히로시마 현 오노미치의 정토사 본당 건물(국보 : p.16 하단)입니다. 특히 처마 선을 주목해 주십시오. 엷게 화장한 일본 미인과 같은 자태이지요? 과장된 것이 어디에도 없고 아름다움과 강인함이 절묘하게 조화되어 있습니다. 건축기법에서도 높은 경지에 있는 것입니다.

한편 나라에 있는 동대사나 효고현 오노의 정토사 정토당은 오노미치의 정토사 본당과는 대조적으로 참으로 대담하고 남성적입니다.

여기서 건축양식에 관하여 잠깐 설명을 하자면 중세 건축양식에는 세 가지가 있습니다. 텐지쿠요우(대불양식 이라고도 합니다), 가라요우(선종양식 이라고도 합니다), 절충양식, 이렇게 세 가지가 있습니다. 텐지쿠요우의 대표적인 건축물이 동대사 남대문과 오노의 정토사 정토당입니다.

동대사는 헤이안시대 말기 전란으로 인하여 일시적으로 소실되었으나 가마쿠라시대 초기에 고시라카와 법황의 원선(법황의 명령을 받아 나가는 공문서)으로 고야산의 스님인 쵸우겐이 재건했습니다. 쵸우겐은 중국의 남송으로부터 이 양식을 가지고 들어와서 동대사의 재건에 성공했던 것입니다. 동대사를 말하자면 대불전이 유명합니다만 쵸우겐이 재건했던 대불전은 그 후 소실되고 말았습니다. 지금의 대불전은 에도의 겐로쿠시대에 재건된 것으로 쵸우겐이 재건한 것과는 약간 다릅니다. 쵸우겐의 텐지쿠요우 양식이 완전한 형태로 남아있는 것 중의 하나는 동대사의 남대문입니다. 크고 웅장한 인상을 풍기고 있습니다. 그리고 또 다른 하나가 효고현 오노의 정토사 정토당입니다. 정토사 정토당의 지붕은 「휜 처마」가 거의 없이 직선으로 처마가 되어 있습니다. 저는 이 건물의 수리공사에도 참여했습니다.

다음은 가라요우로 가마쿠라시대의 초기에 선종과 함께 당나라로부터 일본에 들어온 건축양식입니다. 카나가와의 원각사 사리전이 대표적인 건축물입니다. 세 개의 양식 중에서는 처마의 휜 정도가 가장 큽니다.

【쵸우겐이 건립한 무골조의 웅장한 대불양식 건축】

국보 동대사 남대문(나라)

국보 정토사 정토당(효고)

【같은 중세 건축물에도 처마의 휘어짐이 이렇게 다르다】

국보 원각사 사리전(카나가와)

국보 정토사 본당(히로시마)

마지막으로 절충양식은 그 전부터 있던 일본양식에 텐지쿠요우와 가라요우의 장점을 따서 일본인의 감각에 맞추려는 것으로 시대가 흐름에 따라서 이런 양식이 보급되어 갔던 것입니다. 오노미치의 정토사 본당도 절충양식입니다.
　중세의 세 가지 건축양식 중에서 가장 일본적인 것이 절충양식입니다. 이 세 가지 양식에서 절충양식이 가장 널리 퍼진 것은 역시 일본적「美」의 최고의 모습이 거기에 들어있기 때문이라고 생각합니다. 법륭사 같은 고대 건축물은 소박하고 부드럽게 처마의 휘어짐이 나타납니다. 그리고 중세에 들어와서 텐지쿠요우와 가라요우 등 여러 가지 휜 처마의 종류가 출현했던 것입니다. 그 각각에 가지고 있는 독특한 맛과 장점이 있겠습니다만 일본인의 미적 감각에 딱 들어맞는 처마 선의 아름다움은 오노미치의 정토사 본당에서도 보이는 절충양식에 있다고 하겠습니다. 그리고 그「휜 처마」야말로 옛 목수의 혼이 베어있는 것입니다.

# 엷은 화장을 한 일본 미인

사찰 건축물이 일상생활에 큰 도움을 주는 것으로 생각하면 곤란합니다. 그 자태로부터 사람의 마음을 두드리도록 하기 위해서는 사람들의 눈 바로 앞에 날아 들어오는 처마의 모양이 결정적인 역할을 하게 됩니다. 옛 목수들은 그런 것을 염두에 두었던 것입니다.

휜 처마가 없다하더라도 사용하는 데는 별로 큰 영향이 없습니다. 처마가 전혀 없다면 비가 올 때 빗물 처리에 곤란을 겪겠지만 어느 정도 깊이의 처마가 있기만 하면 사용하는 데는 지장이 없습니다. 실용적인 면만을 생각한다면 일부러 처마를 휘어지게 할 필요는 없습니다. 그렇지만 휜 처마를 만들기 위해서는 어려운 계산도 하지 않으면 안 되고 목재를 가공할 때에도 더욱 더 고생을 해야만 하는 것입니다. 나무를 짜 맞출 때도 더 힘들고 복잡합니다. 그렇지만 옛 목수들은 휜 처마를 만들었던 것입니다. 휜 처마가 더 아름답다고 생각했기 때문입니다. 그렇게 하는 동안 섬세한 미적 감각도 몸에 익히게 되었던 것입니다.

처마를 휘어지게 제작하는 방식은 원래는 중국으로부터 들어온 것으로 중국의 사찰 사진 등을 보면 그 쪽의 처마도 휘어져 있는 것을 보게 됩니다. 기후나 풍토의 차이인지, 그것도 역사의 차이인지, 문화의 차이인지 모르지만 제 눈에는 중국의 사찰은 그 처마 휨의 정도가 너무 지나치다고 보여집니다. 그렇게 너무 뽐내지 말라고 말해주고 싶을 정도로 높이 솟아있는 처마를 보여주는 것도 있습니다.

거기에 비하여 일본 중세의 처마는 대단히 섬세한 커브를 그리고 있습니다. 그리고 휜 처마가 그려내는 선과 그 자태도 마치 그것이 없어서는 절대로 안 된다고 생각하게 해 주는 모습으로 굽이쳐 있습니다. 거기에는 쓸데없는 장식은 없습니다. 강요하는 듯한 자기주장도 전혀 없습니다. 거기에 일본적인 美의 참 모습이 있는 것입니다.

근세에 들어오면서부터는 닛코의 도우쇼우구우로 대표되는 것처럼 과다한 장식을 추구하는 건축물이 눈에 띄게 많아집니다. 도우쇼우구우는 도우쇼우구우 로서 역사적인 가치가 있는 건축물이라고 생각하지만 저의 견해로는 건축물 본래의 아름다움으로부터 이탈된 짙게 화장한 아주머니로 밖에 보이지 않습니다. 건축물 본래의 아름다움이 아닌 더덕더덕 입혀서 세공한 거짓으로 꾸민 것 같은 느낌을 줍니다. 중세의 미적 감각이 근세에 들어오면서 상실되어 버린 것은 유감이라고 밖에 말할 수 없겠습니다.

중세의 일본 건축물은 기술적인 면에서나 미적 감각 면에서 보더라도 세계 어느 나라에도 뒤지지 않는 세계 최고 수준의 목조 건축물이라고 생각합니다.

그런데 오노미치의 정토사 본당을 만든 목수는 어디의 목수였느냐 하면 바로 동대사의 목수였습니다. 옛날의 건축물에는 그것을 만든 목수의 이름을 새겨놓은 명찰이 남아있는 곳이 많이 있습니다. 목수의 이름을 새겨놓은 판을 용마루에 달아놓는 것입니다. 이 판의 이름을「무나후다」라고 합니다만 정토사의 무나후다에는 동대사 목수의 이름이 새겨져 있습니다. 아마 동대사 전속 목수였을 것입니다. 동대사 목수인 후지와라토모쿠니와 후지와라쿠니사다 라는 인물입니다.

「후지와라」라는 성을 쓸 수 있었다는 것을 보면 대단히 훌륭한 목수였겠지만 이 두 사람이 어떤 목수였는지, 왜 나라로부터 오노미치로 오게 되었는지 등은 자세한 기록이 없기 때문에 잘 모르겠습니다. 아무튼 그 웅장한 동대사를 건립한 목수가 오노미치에 와서 동대사와는 사뭇 분위기가 다른 건축물을 건립한 것입니다.

　동대사는 후일 고시라카와 법황의 원선으로 재건 공사가 이루어졌으니까 이른바 국가적인 사업이었던 것입니다. 그러는 동안 여러 가지 어려운 일도 있었을 것입니다. 동대사에서 채택되었던 텐지쿠요우 양식 그 자체도 그 후에는 거의 보급되지 않았습니다. 당시의 일본인은 중국 영향을 강하게 받고 있던 텐지쿠요우 양식에서 어딘지 모르게 위화감을 느끼고 있었다고 생각됩니다. 확실히 강인함을 느끼게 하는 건축물이었습니다. 그러나 너무 지나치게 힘과 장대함을 강요 당하다보면 조금은 국가 세력에 굴복하게 되는 것입니다. 그런 식의 느낌을 많이 받게 되어 그 텐지쿠요우 양식은 그다지 좋아하지 않게 되었다고 생각됩니다.

　오노미치로 오게 된 두 사람의 동대사 목수들도 실은 동대사에서 일을 하고 있을 무렵부터 조금씩 여성적인 부드러움을 갖춘 건축물을 만들고 싶다는 생각을 가지고 있었던 것 같습니다. 그래서 나라로부터 꽤 멀리 떨어진 오노미치에 와서 드디어 편안한 마음으로 느긋하게 일을 할 수 있었던 것이 아닐까요? 오노미치에는 세토나이의 밝은 햇빛이 있고 윗사람의 규제도 거의 없었습니다. 두 사람은 이런 가운데서 자유로운 발상을 해 가면서 일본적인 美를 갖춘 정토사 본당을 건립했던 것입니다.

　완성된 정토사 본당을 보고 중세의 세토나이 사람들도 필시「바로 이거야. 사찰이라고 하는 것은 바로 이런 모습이어야 한다.」라고 고개를 끄덕였을 것입니다. 정토사 본당의 자태는 대륙으로부터 수입된 것도 아니고 지나친 힘을 느끼게 하는 것도 아닙니다. 진실로 그 시대의 수많은 일본인의 가슴을 뭉클하게 하는 것이었습니다. 적당한 정도의 장식과 중심의 강인함. 그 두 가지를 겸비하고 있습니다. 그러므로 엷은 화장을 한 일본 미인을 연상시켜 주는 것입니다.

옛날의 「히노키」와 현대의 「히노키」는 무엇이 다른가.

건립된 시대가 현대에 가까울수록 기술이 진보되기 때문에 지금의 건축물이 더 좋을 것이라고 생각하는 사람들도 있겠지만 나무로 건물을 만든다고 하는 기술에 있어서는 옛날이 더 발달했던 것입니다. 옛날의 목수들은 대단히 소중한 사람들이었습니다. 그렇지만 시대가 점점 새로워짐에 따라서 그 기술이 점점 퇴화되고 있는 것입니다.

그렇다면 또다시 옛날로 돌아가면 좋지 않느냐고 할 사람도 있을지 모르지만 유감스럽게도 지금에 이르러 그렇게 하는 것은 거의 불가능합니다. 제가 말하고 있는 건축물이라는 것은 목조건축물을 말하는 것이므로 우선 첫째는 목수가 사용하는 공구도 옛날과는 비교할 수 없을 정도로 변해버렸습니다. 요즘의 목수들은 전기 공구를 사용합니다. 전기 톱, 전기 대패, 철로 된 제작 기구까지 여러 가지가 있습니다. 철 제작기구라는 것은 기계의 힘으로 차근차근 망치를 두드려 가는 것입니다. 이러한 기구를 사용하면 일을 쉽게 할 수 있지만 그만큼 목수의 기술도 떨어지는 것입니다. 목수는 공부하지 않아도 괜찮다고 할 정도까지 되었으니까요.

목재를 짊어지는 방법 하나만 보더라도 요즘의 젊은 사람들은 짊어지는 방법을 모릅니다. 옛날과는 달리 여러 가지 크레인과 리프트가 있기 때문에 이러한 것에 익숙해 있어서 자신의 몸을 사용해서 짊어지는 때에는 어떻게 하면 좋을지 모르는 것입니다.

네 사람이 하나의 목재를 짊어지는 모습을 보고 있으면 곧 알 수 있습니다. 짊어질 때는 허리를 완전히 집어넣지 않으면 안 되고 또 자기가 오른쪽 어깨가 강한지 왼쪽 어깨가 강한지를 미리 생각해서 어느 위치에서 짊어질 것인가를 결정하는 것도 필요합니다. 그렇게 네 사람의 힘을 모아야 잘 짊어질 수 있습니다. 힘이 모아지지 않으면 흔들흔들 거리게 되고 맙니다.
　또 목재도 옛날과 틀립니다. 옛날처럼 좋은 질의 히노키(노송나무)를 구하기가 쉽지 않습니다. 히노키는 목조건축물에서는 최고의 재료입니다. 그러나 구하기가 어렵습니다. 히노키를 식목하고 기르면 되겠다고 생각하겠지만 그런 것이 아닙니다. 묘목을 심고 주위의 나무들을 깨끗하게 제거해 주면 쑥쑥 자라지만 이렇게 자란 히노키는 질이 거칠기 때문에 그다지 좋지 않습니다. 잡초가 있고 다른 나무들이 있는 가운데서 자연스럽게 자라나야만 성장 속도는 늦더라도 질이 좋은 히노키가 되는 것입니다. 그러한 히노키가 거의 없어져 버렸습니다. 문화재를 후세에 남겨 주려고 생각한다면 히노키도 남겨 주지 않으면 안 될 것입니다.
　이러한 이유로 새로운 도구들이 생겨나서 목수의 일이 쉬워지고 좋은 히노키가 없어지게 된 것입니다. 그래서 옛날로 돌아간다고 하는 것도 쓸데없는 일이 되는 것입니다. 뭐든지 변해가기 마련이지만 그래도 그 변해가는 방향이 좋은 방향으로 변해가는 것보다 나쁜 방향으로 변해가는 것이 많다는 점입니다. 이것은 적어도 일본 건축의 진정한 멋을 지키기 위한 방향의 변화는 아닙니다.
　이러한 가운데 문화재를 지키기 위해서 해야 할 것은 대단히 많지만 옛 목수들의 마음과 기교를 잊지 않도록 해서 설령 그것이 작은 것일지라도 그것을 후세에 전달해 가는 것도 그 한 가지가 되겠습니다. 이것은 간단한 문제는 아니지만 중요한 것입니다. 어떠한 난관이 있더라도 옛 목수들의 마음과 기교를 전수해 나가야만 하는 것입니다. 옛 목수들의 마음과 기교가 사라져 버린다면 아름다운 일본의 건축물도 사라져 버릴 것입니다.

목조건축은 몇 십년, 몇 백년에 걸쳐서 논하게 된다고 해서 아무것도 하지 않고 그대로 놔둬서는 안 되는 것입니다. 2백년이나 3백년에 한번은 완전히 수리를 하지 않으면 안 됩니다. 제가 해온 일도 그런 것입니다. 그러나 전후로부터 오늘날까지 중세건축물의 수복은 대충 끝났습니다. 대규모의 수리 기간이 다시 찾아오려면 앞으로 백년 후나 2백년 후가 될 것입니다.

그러나 중세 건축물의 다음 수리기간이 돌아왔을 때 옛 건축물을 아는 목수가 없다면 어떻게 되겠습니까? 아무리 많은 대학 교수가 있고 또 아무리 많은 컴퓨터를 잘 다루는 사람이 있다고 하더라도 실제로 나무를 자르고 나무를 짜 맞춰서 건물을 짓는 것은 목수가 하는 것입니다. 그것도 옛 기술을 아는 목수여야 합니다.

그런 목수가 없다면 수리를 하고 싶어도 수리를 할 수가 없게 되는 것입니다. 그토록 멋진 중세의 건축물도 착실하게 관리하고 수리하는 사람이 없으면 썩어 버릴 수 밖에 없습니다. 그래서 우리들은 다음 수리기간에 대비하여 옛 목수들의 마음과 기교를 어떻게 해서라도 전수해 주지 않으면 안 되는 것입니다.

 컴퍼스와 곱자 기술로 「루트계산」도 할 수 있다.

나무를 어떻게 가공해서 어떻게 짜 맞추어 갈 것인가를 계산하는 기술을 「키쿠쥬츠(規矩術)」(컴퍼스와 곱자 기술) 라고 합니다. 그 키쿠쥬츠가 최고 수준에 도달한 것도 중세 시대였습니다. 근세 이후의 키쿠쥬츠는 오히려 퇴보하고 있습니다.

컴퍼스라는 단어는 듣기가 쉽지 않은 단어일지도 모르지만 「컴퍼스와 다림줄을 바르게 써야 한다.」라는 말을 아는 사람도 있을 것으로 생각합니다. 사물의 규칙과 기준을 바르게 세워야 한다는 의미로 이런 말도 키쿠쥬츠의 컴퍼스와 깊은 관계가 있습니다.

키쿠쥬츠에서는 완벽하게 컴퍼스와 다림줄의 정확한 계산을 구사합니다.

각각의 문자 의미를 설명하면 「規」는 원을 그리는 도구입니다. 현대식으로 말하면 원을 그릴 때 사용하는 컴퍼스를 말합니다. 중심을 고정시켜 놓고 중심으로부터 일정한 간격을 유지하면서 연필 등을 회전시키면 원을 그릴 수가 있게 되는데 이런 컴퍼스는 아주 옛날부터 있었습니다. 시즈오카현의 유적으로부터 야요이 시대에 해당하는 2세기경에 컴퍼스를 만들어 사용한 흔적이 보이고 있고 반원 모양의 판이 출토되고 있습니다.

컴퍼스의 형태도 여러 가지가 있는데 대나무를 잘라서 두 쌍으로 하고 한쪽을 중심으로 하여 고정시키고 다른 한쪽에는 붓을 달아 사용한 것도 있습니다. 또 중심이 되는 막대기에 수평방향의 팔걸이 나무를 붙여서 그 팔걸이 나무의 길이를 자유롭게 조절할 수 있도록 한다든지 팔걸이 나무에 붙어있는 붓의 위치를 조절할 수 있도록 하는 것도 있는 것 같습니다.

다음으로 「矩(ㄱ)」이라는 글자는 곱자를 의미합니다. 금속으로 만든 것으로 직각으로 된 자와 구부러진 자를 말합니다. 이것은 「曲尺」이라고 써놓고 카네쟈쿠(곡자)라고 읽는 경우도 있습니다. 더 생략해서 간단하게 「카네」라고 하는 경우도 있습니다. 이것도 옛날부터 있었습니다.

중국의 후한시대인 2세기의 유적에서 발견된 그림 중에는 곱자를 사용하여 그려진 것이 있습니다. 이 그림을 그린 사람은 컴퍼스도 가지고 있었습니다. 음양도리에서는 「規」는 양으로, 「矩」는 음으로 되어 있습니다. 그러나 일본에 곱자와 컴퍼스가 전해진 것은 그로부터 한참 후인 아스카, 나라시대라고 생각되어 집니다. 일본에 현존하는 곱자로 가장 오래된 것은 나라의 동대사가 재건된 시대의 것으로 보이는 곱자입니다.

제가 목수 일을 배우게 되면서 가장 먼저 공부한 것도 곱자의 사용법이었습니다. 곱자는 다양한 사용법이 있습니다. 곱셈과 나눗셈에도 사용할 수 있고 루트 계산도 가능합니다. 원주율도 계산할 수 있습니다. 곱자의 사용법을 알지 못하면 일이 되질 않습니다. 이것은 목수의 가장 기본이라고 말해도 좋을 것입니다. 제가 배울 즈음에는 철이나 놋으로 만든 것이 많았는데 지금은 녹슬지 않는 단단한 스테인리스 제품이 대부분입니다.

제가 즐겨 사용하고 있는 것은 척과 촌의 눈금이 센티와 미리의 눈금과 같이 들어있는 스테인리스 제품의 곱자입니다만 센티나 미리의 눈금을 그다지 많이 사용하지는 않습니다. 옛 건축물은 모두 척과 촌의 눈금에 의해서 지어져 있습니다. 미터법으로는 일이 되지 않습니다.

【내가 즐겨 사용하고 있는 곱자】

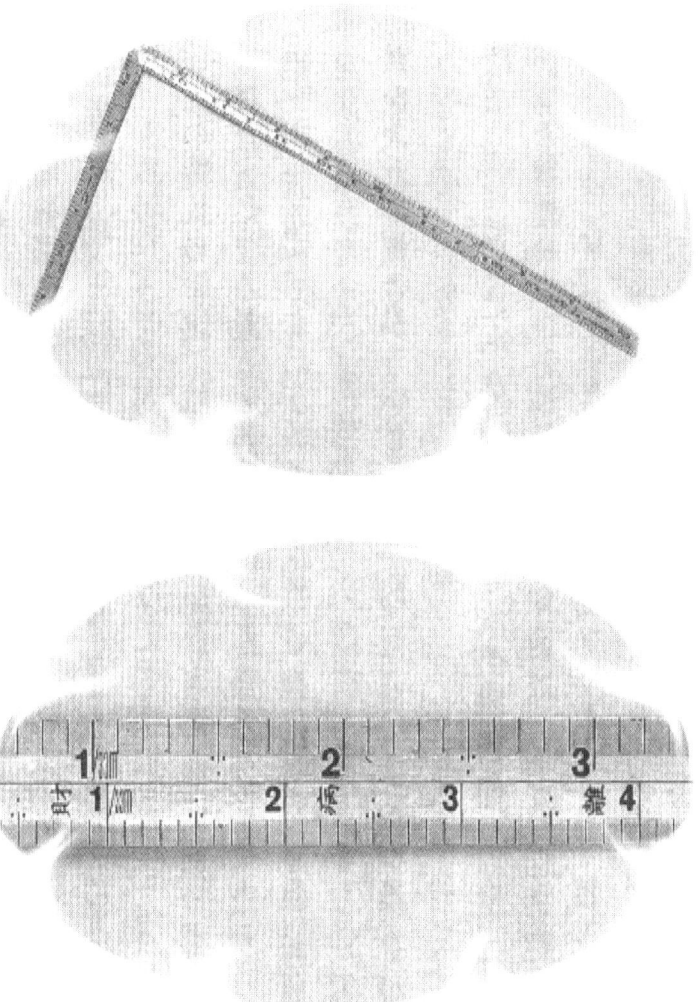

사진의 곱자는 간토우에서 사용하는 것이고 간사이에서 사용하는 것보다 짧다.
「財, 病, 離.....」의 문자도 최근의 곱자에는 없는 것이 많다.

1966년부터 척관법을 일체 사용하지 못하게 법으로 금지되어 곱자에도 척과 촌의 눈금이 들어있는 것을 팔면 법률위반이라고 하여 모두 곤경에 처하게 되었지만 에이로쿠스케씨와 오자와쇼우이치씨 등이 반대운동을 벌인 덕택에 지금은 어떤 것이라도 미터법에 저촉되는 일은 없어졌습니다. 그러나 관청에 제출하는 보고서 등에는 역시 척관법으로는 잘 맞지 않는 경우도 있는 것 같습니다.

곱자에는 척과 촌의 눈금 외에 문자 눈금도 들어 있습니다. 이것은 곱자에만 있는 독특한 것입니다. 길흉을 점치는 눈금입니다. 직각의 두개 변에 길게 「財, 病, 離, 義, 官, 劫, 害, 吉」이라는 눈금이 써 있는데 「劫」 대신에 「盜」, 「害」 대신에 「災」, 「吉」 대신에 「本」 자를 사용하는 것도 있습니다. 옛 목수들은 이 눈금을 사용해서 현관과 기둥의 길이는 「吉」의 배수가 되게 한다든지, 관청 건물의 경우에는 「官」의 배수 등이 되게 하였던 것입니다. 반대로 「病」과 「離」, 「害」는 될 수 있는 한 피하는 것으로 하였습니다. 이런 곱자는 「천황자」 등으로도 불려 지는데 중국 주나라 시대에 사용하기 시작하였고 그것이 일본에 전해진 것 같습니다. 최신 공법이 사용되는 요즘 건물에서는 이런 것을 거들 떠보기나 하겠습니까?

「規」와 「矩」의 설명은 대충 이런 것이고, 「準繩(다림줄)」에 대한 설명이 아직 남아있습니다. 「다림줄」은 수평을 측정하는 도구입니다. 「다림줄」은 「물줄」이라고도 말하여질 정도로 옛날에는 나무에 홈을 파서 거기에 물을 넣고 기울어지지 않는 것을 확인하기 위한 것이었는데 거기에 추를 단 끈을 이용하여 수평을 맞추는데 사용되었습니다. 현대식으로 말하면 수준기(水準器) 정도가 되겠습니다. 물론 요즘은 성능 좋은 수준기를 쉽게 구할 수 있기 때문에「다림줄」을 사용하는 경우는 거의 없어졌습니다.
　휜 처마의 계산도 키쿠쥬츠(컴퍼스와 곱자 기술)의 하나인데 이런 기술은 목수가 일하는 동안 상당히 여러 면에서 사용합니다. 요즘의 목수들도 키쿠쥬츠를 사용하고 있습니다. 이것을 알지 못하면 일이 되질 않습니다. 그러나 요즘에 사용되는 키쿠쥬츠는 중세 때 사용했던 것보다 훨씬 수준이 떨어집니다. 중세의 키쿠쥬츠로부터 본다면 기초적인 수준밖에 되지 않는다고 생각합니다.
　근세에 들어오면 목재의 규격화가 진행되고 그런 고도한 기술은 필요가 없게 되면서 중세 키쿠쥬츠는 차츰차츰 사라져 버렸습니다. 목재의 규격화라고 하는 것은 대량생산을 위해서 일정하게 규격이 생겨났다는 것을 말합니다. 중세에는 목재도 주문생산 방식으로 각각의 건축물에 맞춰서 채벌되었는데 근세가 되면서부터 규격화가 이루어져 편리하게 된 반면, 키쿠쥬츠를 구사하기 위한 새로운 연구를 하는 일이 점점 사라지면서 중세의 키쿠쥬츠에 관심을 갖는 사람이 적어지게 되었던 것입니다.
　또 중세의 목수들 쪽에서도 굳이 고생해서 몸에 익힌 키쿠쥬츠를 전수해 주려고 하지 않았습니다. 당시의 목수들의 세계에서는 키쿠쥬츠는 비법처럼 되어 있어서 제자에게도 잘 가르쳐주지 않을 정도였습니다. 가르쳐 줘 버리면 자기만의 기술이라고 할 수가 없기 때문이었겠지요. 이런 저런 이유로 해서 그 고도한 기술을 잃어버리고 말았던 것입니다.
　거기에 대신해서 보급되었던 것이 근세의 키쿠쥬츠였습니다. 그 중에서 상당히 많은 영향을 끼친 것이「장명오권(匠明五卷)」이라는 책입니다. 목수들의 매뉴얼과 같은 것이었습니다. 목재를 가공하는 방법, 짜 맞추는 방법 등을 설명하고 있습니다. 히라우치 마사노부 라는 사람이 1608년에 정리한 책입니다.

이 책이 근세 이후 일본 건축에 상당히 많은 영향을 끼쳤습니다. 그러나 실제로는 그다지 중요한 내용은 적혀 있지 않습니다. 저도 읽어보았습니다만 이 책에 쓰인 방식대로 하면 중세 건축물을 수리할 때에는 전혀 맞지 않다고 생각합니다. 공로와 죄의 측면에서 말해 보자면 목수들의 일을 쉽게 할 수 있도록 하는 것이 이 책의 공로로 볼 수 있다면, 기술의 퇴보를 초래했다는 면은 죄라고 볼 수 있겠습니다.

아무튼 그 「장명오권(匠明五卷)」을 기반으로 해서 생겨난 것이 에도시대의 키쿠쥬츠였습니다. 오늘날 목수들의 키쿠쥬츠도 그 뿌리를 찾자면 에도시대의 키쿠쥬츠에서 온 것입니다. 중세의 키쿠쥬츠와 에도의 키쿠쥬츠 간에는 단절이 있는 것입니다. 그래서 중세의 키쿠쥬츠가 과연 어떤 것이었는지는 지금으로서는 알 수 없는 부분이 많다는 것입니다. 이러한 점이 베일에 싸여있는 중세건축의 또 다른 매력이 되고 있습니다.

목수의 마음을 전할 수 있는 「삼종(三種)의 신기(神器)」

목수의 세계에서는 곱자, 먹통, 까뀌가 「삼종의 신기」로서 대단히 중요시 합니다. 요즘에는 까뀌도 잘 사용되지 않습니다만 괭이 모양처럼 생긴 도구인데 나무 표면을 밀거나 파낼 때 사용합니다. 까뀌 대신에 창살대패를 넣어서 곱자, 먹통, 창살대패 세 가지를 삼종의 신기라고 말하는 사람도 있습니다.

창살대패는 문자 그대로 창 같이 생긴 모양을 한 대패로 한때 사라졌었으나 법륭사 목수였던 니시오카츠네카즈 씨의 노력으로 창살대패가 복원되어 일반인들도 그런 도구가 있다는 것을 알게 되었습니다.

보통의 대패는 한쪽에만 칼날이 붙어 있어서 끌면서 사용하지만 창살대패는 창끝처럼 양쪽에 칼날이 붙어 있어서 끌면서도 사용할 수 있고 밀면서도 사용할 수 있습니다. 사용방법을 생각해 내기는 힘들지만 창살대패로 밀었던 자국은 독특한 맛이 있기 때문에 옛 건축물 수리의 세계에서도 또 다시 재조명되고 있습니다.

요즘은 거의 없어졌지만 제가 목수 일을 배울 무렵에는 정월 설날이 되면 목수의 집에서는 도코노마(역자 주 : 일본 안방에 약간 높이 만든 곳)에 삼종의 신기를 진열하였습니다. 장식 방법에도 일정한 규칙이 있어서 아무렇게나 진열해 놓는 것이 아닙니다. 곱자, 먹통, 까뀌라는 「삼종의 신기」와 먹꽂이를 잘 조화시켜 「水」라는 글자 모양이 되도록 장식하는 것입니다.

먹통이라고 하는 것은 목재에 표시를 하기 위한 도구로 배 모양의 나무에 먹을 집어넣을 구멍을 만들고 거기에 실차에 감아 둔 실이 먹을 넣었던 구멍을 통과하도록 해서 먹물이 묻은 실로 목재에 표시를 해 가는 것입니다. 목재 위에서 실을 팽팽하게 당기고 그것을 손가락으로 튕기면 자를 사용하지 않아도 똑바른 직선을 그릴 수가 있습니다. 또 먹꽂이는 연필과 같은 역할을 하는 도구로 보통 대나무를 쪼개서 만듭니다. 그리고 쪼갠 대나무 끝에 먹을 찍어서 목재에 표시를 할 때 사용합니다.

【설날에 도코노마에 「水」자 모양의 3종의 신기를 장식한다.】

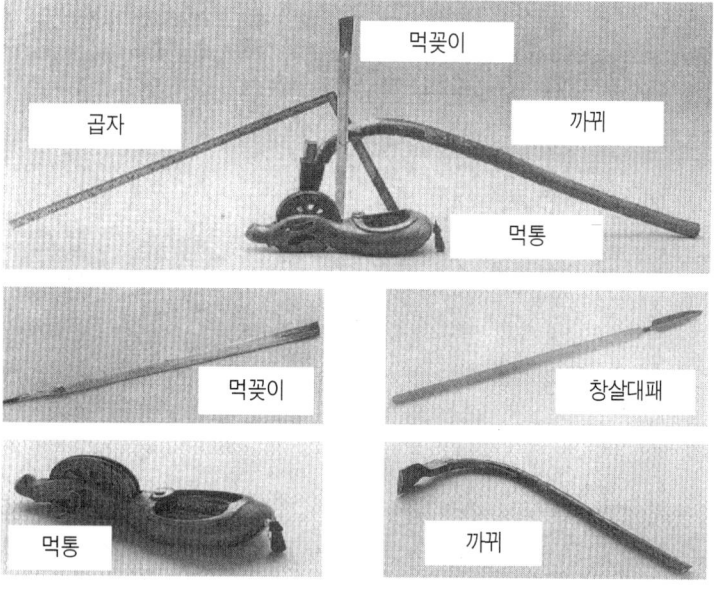

까뀌 대신에 창살대패를 장식하는 경우도 있다. 먹통은 티나무를 사용해서 만들었는데 최근에는 구하기가 힘들다. 까뀌의 날은 빼내서 갈아 끼울 수가 있다.

왜 설날에 삼종의 신기와 먹꽂이를 사용해서 水 라는 글자 모양이 되도록 장식하느냐하면 목수에게는 수평이 대단히 중요하기 때문입니다. 어디가 수평이 되는지를 완벽하게 알지 못하고서는 반듯한 건축이 불가능하기 때문입니다. 그래서 장식은 삼종의 신기를 중심에 두고 목수 일의 기본 중의 기본이 되는 수평을 상징하는 水 라는 글자 모양으로 장식한다고 들었습니다. 요즘의 젊은 목수들은 그런 장식을 하지 않는 사람이 많겠지만, 이런 마음가짐만은 잊지 않았으면 좋겠습니다.

설날에 장식하는 삼종의 신기 외에도 목수들은 많은 도구들을 사용합니다. 새삼스럽게 가르치려는 것은 아니지만 예를 들면 대패만 하더라도 저는 40개에서 50가지 종류나 가지고 있습니다. 문화재 수리 목수 일을 하고 있는 이상 이 정도는 갖추고 있어야겠지요.

둥근 면을 밀기 위해서는 둥근 대패를 사용해야 하고 역으로 휘어진 부분을 밀기 위해서는 휘어진 대패가 필요합니다. 형태뿐만이 아니고 대패의 크고 작음에도 차이가 있습니다. 아주 작은 대패는 3센티 정도밖에 되지 않는 것도 있습니다. 그렇기 때문에 여러 종류의 대패를 갖추고 있지 않으면 안 됩니다. 기존 제품을 가지고 잘 맞지 않은 경우에는 스스로 나무를 깎아서 그 사용 목적에 맞는 대패를 만드는 경우도 있습니다.

제 자신은 도구에는 그다지 크게 신경을 안 쓰는 편입니다. 중요문화재 건축물의 경우 깔끔한 마무리에 더욱 신경을 써야하므로 어쩔 수 없습니다. 될 수 있는 한 원형 그대로 보존하는 것을 기본으로 하고 있으므로 아주 오래된 것을 무리하게 번쩍번쩍한 신축 건물처럼 찬란하게 할 필요까지는 없는 것입니다.

【궁궐목수 생활 50년 동안 수집한 대패의 종류】

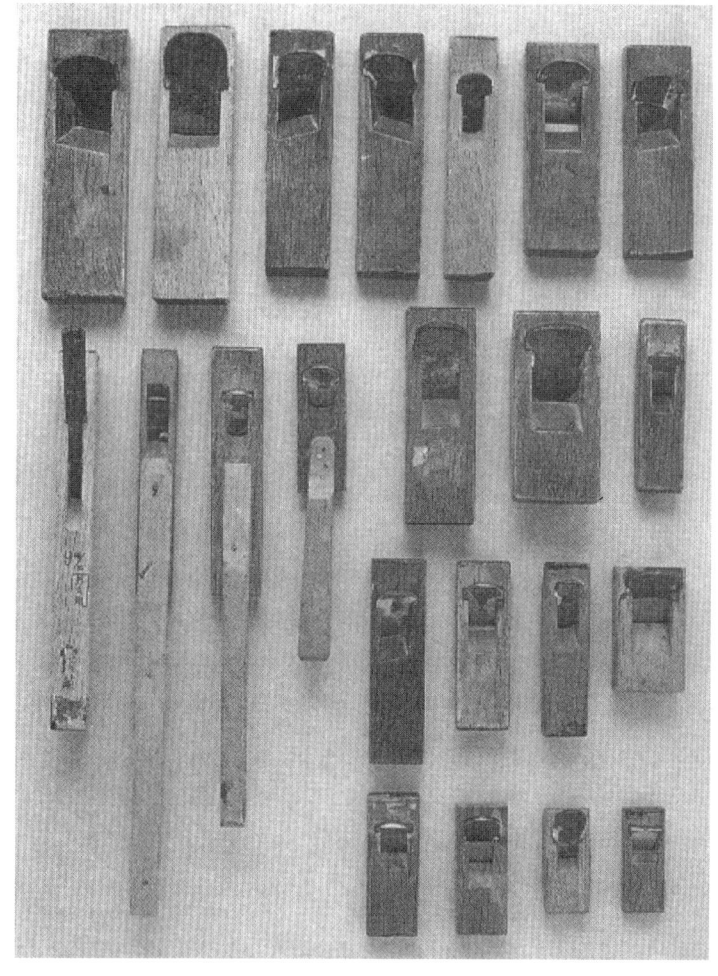

용도에 따라서 자신이 스스로 대패를 만드는 경우도 많다.

그렇더라도 좋은 도구는 역시 중요합니다. 똑같은 톱이라도 보통 톱과 좋은 톱으로 나무를 자르면 보통 톱은 반도 못 자르고 있는 동안에 좋은 톱은 이미 작업이 다 끝나 있는 것입니다. 도구에 한해서만 말한다면 중세의 목수들이 사용했던 도구보다도 오늘날의 도구가 훨씬 성능이 좋겠지요. 그러나 그럼에도 불구하고 중세의 목수들이 더 훌륭한 업적을 남겼습니다. 저는 도구가 어떻다고 하는 것보다도 그 점을 더 중시하고 싶습니다. 삼종의 신기를 장식하는 일도 중요시하고 싶습니다. 옛 목수들의 마음을 전할 수 있는 것이니까요.

백년 후를 의식한 지혜와 연구

옛 목수들이 건축했던 것을 도대체 어떤 식으로 건축했는지, 어떤 재료를 써서 했는지를 자세하게 조사하면서 건물을 해체하고 수리가 필요한 부분은 수리를 하여 원래대로 다시 복원을 합니다. 그것이 바로 저의 일입니다.

건물은 보면 그것을 건립했던 옛 목수의 고생했던 곳을 찾아볼 수 있습니다. 지혜를 짜낸 부분도 알 수 있습니다. 그래서 옛 목수와 이야기하면서 일을 하는 것처럼 되는 것입니다.

「아, 당신은 여기에서 생각에 잠겼군요.」라든가 「용케도 이런 지혜를 생각해 내셨군요.」라는 이야기를 건네는 경우도 있고, 상대편에서 「이봐요, 이런 곳은 그렇게 수리해서는 곤란해요. 먼저 치수를 맞춰야 되지 않을까요?」라고 말해주는 경우도 있습니다. 이런 점이 이 일의 묘미입니다.

수리에는 부분 수리와 전체 해체 수리가 있는데, 조사를 하면서 해체해 가기 때문에 해체만 하는데도 1년 이상 걸리는 경우도 있습니다. 가장 먼저 하는 것은 건물 전체를 덮을 수 있도록 겉지붕을 설치하는 것입니다. 옛날에는 통나무로 짜서 겉지붕을 만들었지만 요즘은 대개 철골로 제작합니다. 건물 위에 또 하나의 지붕을 걸쳐놓는 것이기 때문에 겉지붕과 작업할 수 있는 발판을 만드는 것만 해도 또 하나의 일이 됩니다. 겉지붕을 통나무로 하려면 목재도 대량으로 필요하게 됩니다. 그래서 그만한 목재를 모으기보다도 철골로 하는 편이 손쉽게 만들 수 있고 작업하기도 편리 하니까 철골이 보급된 것입니다.

겉지붕은 철판으로 덮고 벽은 없습니다. 벽 대신에 발을 치기도 하고 요즘은 방화 그물을 치기도 합니다. 벽을 철판으로 두르면 겨울에는 괜찮지만 여름에는 더워서 견딜 수가 없고 내부가 어두워서 일하기가 힘듭니다.

해체 조사 단계에서는 당연히 지붕도 해체하기 때문에 그대로 두면 비바람이 들이치게 됩니다. 그렇기 때문에 겉지붕을 설치해 놓고 그 밑에서 작업을 진행해 가는 것인데 겉지붕을 설치하는 것만으로도 보통 2억 엔에서 3억 엔 정도의 비용이 들어갑니다. 동대사 대불전을 수리했던 때는 겉지붕 설치비용만 15억 엔에서 20억 엔 가까이 들어갔다고 들었습니다.

그렇게 많은 돈이 들어간다면 하나의 건물에 겉지붕을 다 사용하고 난 후 없애버리지 말고 별도의 건물에 다시 사용하면 좋겠다고 생각할지도 모르지만 우선 건물의 크기가 다르고 다른 장소로 운반하는 비용도 상당해서 다시 사용하는 편이 오히려 비용이 더 들게 됩니다. 그래서 매번 겉지붕을 신축하고 공사가 끝나면 파쇄하게 되는 것입니다.

우리들이 현장에 들어가는 것은 겉지붕이 완성되고 나서부터입니다. 그리고서 가장 먼저 하는 일은 지붕을 벗겨내는 일입니다. 기와가 지붕을 덮고 있다면 기와를 하나씩 하나씩 벗겨내고 그 일이 다 끝나면 지붕 판을 벗겨냅니다. 그리고 서까래를 제거하고, 대들보를 내리고, 벽도 벗겨내고, 상판을 벗기고, 기둥을 제거하고 기둥 밑의 기초까지 조사합니다.

그리고 일일이 기록을 보면서 어느 시대의 것인지, 목재는 무엇이었는지 확인하면서 해체작업을 진행해 나가는 것입니다. 해체된 부재료는 번호를 매겨서 보관합니다. 그렇게 하지 않으면 나중에 조립할 때는 알 수 없게 되기 때문입니다. 지붕판 하나만 하더라도 어느 판과 어느 판이 어디에 연결되어 있었던가를 일일이 기록을 해 둬야 합니다. 물론 사진도 많이 찍어둡니다.

【큰 건축물인 경우에는 겉지붕을 만드는 데만 10억 엔 이상 드는 것도 있다.】

건물을 덮은 겉지붕 건설
(1989년 법화경사 조사당[치바] 수리공사)

기둥에 번호를 매겨 보관한다.
(1970년 정토사 본당[히로시마] 수리공사)

해체의 승패는 기록 여부에 달려있습니다. 몇 백 년 후에 다시 해야 할 다음 수리를 위해서도 꼼꼼히 조사해서 기록해 두지 않으면 안 됩니다. 해체조사 과정에서는 어떤 도구를 사용해서 어떤 방식으로 나무를 가공했는지, 어쩌면 어떤 망치를 사용했는지까지도 기록해 두어야만 실제 수리한 시대를 잘 알 수 있게 되는 것입니다.

이런 해체작업과 병행해서 복구 작업도 시작합니다. 될 수 있는 한 원형을 보존하면서 수복하도록 합니다. 사람에 따라서는 벌레 먹은 흔적도 그대로 남겨두는 편이 좋다고 말하는 사람도 있을 정도입니다. 아직도 쓸만한 목재는 될 수 있는 한 다시 사용합니다. 어디서부터 어디까지 신축 당시와 똑같이 해야 한다는 법도 없지만 오래된 느낌을 그대로 남겨야 하는 것입니다. 그러기 위해서는 표면에 색을 칠해서 오래된 느낌을 주도록 하는 경우도 있습니다.

또 나무가 부분적으로 썩어있으면 그 부분만 새 나무로 보충하지만 이럴 때에도 요즘의 접착제는 될 수 있는 한 쓰지 않도록 하고 있습니다. 나무를 짜 맞추는 식으로 해서 수리를 하게 됩니다. 나무로 채우는 방식입니다. 요즘의 접착제가 좋다고 하더라도 앞으로 몇 백 년을 더 견뎌야 할지 모르기 때문입니다.

시멘트로도 한다지만 처음 할 당시는 시멘트가 반영구적으로 갈 것처럼 생각되지만 실제로는 백년도 못가서 부슬부슬 떨어지게 됩니다. 시멘트로 건축한 맨션 가운데서도 건축한지 5년이나 10년 만에 금이 가서 기울어지기도 하여 큰 소동을 일으킨 경우도 있다고 들었습니다.

시멘트가 처음 나왔을 무렵에는 대기오염 문제 등 심각한 일은 없었습니다만 요즘은 산성비 문제가 거론되기도 하고 공기

오염의 문제도 심각합니다. 이러한 문제들이 있기 때문에 우리들도 새로운 재료를 사용할 경우 신중히 생각하지 않으면 안 됩니다. 지금은 괜찮다고 하더라도 나중에 어떤 새로운 문제가 발생할지도 모르기 때문이지요. 그렇다면 옛날의 하던 방법대로 하는 것이 가장 좋다고 할 수 있겠습니다.

 문화재가 될 만한 건축물은 접착제나 철근을 사용하지 않고 만든 옛날 방식이 오히려 몇 백 년씩 더 오래 가니까 옛날 방식이 더 믿을 만한 것입니다. 실제로 더 오래 가니까 이 이상의 증거가 필요 없겠죠? 다른 방법이 없으면 어쩔 수 없겠지만 백년도 견딜 수 있을지 모르는 재료는 그다지 사용하고 싶지 않습니다.

 궁궐목수의 일은 지금 사람들이 칭찬해 주지 않아도 상관없습니다. 백년이나 2백년이 지나서 칭찬을 받을 수 있어야 하는 것입니다. 옛날의 목수들은 자기가 만든 것은 자기가 죽은 후에도 계속해서 남아있기를 바랐습니다. 후대 몇 대라도 남아야 한다고 하는 기개를 갖고 일을 했던 것입니다. 백년, 2백년 후의 사람들을 의식했던 것입니다. 그래서 자기가 가진 솜씨와 지혜를 가지고 최선을 다해 건축했던 것입니다. 중세의 멋진 건축물도 이렇게 해서 생기게 된 것입니다.

목조건축에 숨겨진 일본인의 지혜(英知)

- 옛 건축물은 어떻게 천년의 생명을 가질 수 있었을까

# 히노키 만이 아닌
옛 건축물의 멋

최근에 와서 옛 건축물은 어디가 어떻다는 식으로 말한다든지 히노키가 좋은 나무라는 것은 다들 알고 있지만 그 외에도 옛 건축물이 도대체 어떤 것인지를 물어오는 경우가 상당히 많아졌습니다. 일종의 붐이라고 할 수도 있겠으나 옛 일본 목조건축과 궁궐목수가 하는 일에 관심을 가져주는 사람들이 많아지고 있습니다.

목수라고 하면 얼마 전까지만 하더라도 「우리 집 아이는 머리가 나쁘니까 목수밖에 되지 못하겠다.」라는 식으로 부모들이 말을 하곤 했었으나 최근에는 조금씩 바뀌는 것 같습니다. 어떤 조사에서는 초등학교 학생들이 앞으로 되고 싶은 사람 중 1위가 목수였다는 이야기도 들었습니다.

사찰과 신사라는 것은 보통 사람들이 참배하러 갔을 때 엄숙한 분위기를 느끼게 하고 마음을 씻어주는 듯한 기분이 들게 하면 되는 것입니다. 불상과 신상을 경건한 마음으로 경배하는 건물이기 때문입니다. 참배하러 온 사람들이 그런 기분이 든다면 그것이야말로 궁궐목수에게 최대의 행복을 가져다준다고 하겠습니다.

그러나 최근 사람들은 한발 더 나아가 목조건축물의 아름다움과 그것을 건립한 목수의 수고까지도 관심을 가져주는 것 같습니다. 정말 고마운 일이라고 생각합니다. 일본에는 신들의 시대였던 아주 옛날부터 굉장히 진보한 나무에 대한 기술이 있었음에도 그것이 점점 사라져가고 있기 때문입니다.

　목조건축물을 가볍게 여기게 된 시발점은 메이지유신 이후가 될 것입니다. 서양 건축물이 들어서기 시작하면서 일본의 목조건축물은 거들떠보지 않게 되어 버렸습니다. 이런 깃이 일반 사람들에게도 관심을 갖게 해 주었다면 약간은 안심이 됩니다.

　오노미치의 정토사는 육백여년 전의 건축물입니다. 이 정토사의 수리공사는 대단히 큰 공사였습니다. 그 지역 사람들은「쇼와의 대수리」라는 말을 붙이고 있지만 실로 그 말 그대로 제1차 수리공사가 쇼와 43년(1968년) 1월부터 쇼와 45년 6월까지 했었고 계속해서 제2차 수리공사가 쇼와 45년 7월부터 쇼와 48년(1973년) 6월까지 족히 6년에 걸친 대 공사였습니다.

　제1차 공사에서는 아미타당과 노적암(茶室)의 중문을 전부 해체해서 수리했고, 제2차 공사에서는 본당 반을 해체하고 산문을 전부 해체하고 다보탑의 지붕을 바꿨습니다. 저는 제1차와 제2차에 걸쳐서 일을 하였는데 모든 건축물이 예상했던 그 이상으로 보존상태가 양호했습니다.

　따뜻하고 적당한 습도가 있는 세토나이 지역의 기후에 더하여 정토사를 건립한 목수들의 기술이 좋았기 때문이라고 생각합니다. 오노미치의 정토사에는 옛날에는 오중탑도 있었지만 유감스럽게도 에도시대의 화재로 소실되었습니다.

　그 이전에도 화재로 전체 산이 타버린 적이 있는데 지금의 정토사는 14세기에 재건된 것입니다. 그 후로 백년이나 백오십년마다 수리 공사를 해 왔기 때문에 지금도 재건 당시의 모습을 그대로 보존하고 있는 것입니다. 그러더라도 옛날의 수리공사는 기와를 벗기고 바꾼다든지 내부를 조금 변경하는 정도였고 주춧돌까지 들어내는 철저한 수리를 한 것은 아닙니다.「쇼와의 대

수리」가 처음 있는 대형 수리 공사였던 셈입니다.

「쇼와의 대수리」까지 대규모 수리는 한 번도 하지 않았음에도 불구하고 600여 년 전의 목조 건축이 지금도 건재할 수 있다는 것은 과연 무엇 때문일까요? 거기에는 이유가 있습니다.

목조건축의 아름다움과 목수들이 가진 기술의 탁월함이라는 것은 그 재료를 히노키로 선택했다는 것만이 아닙니다. 저는 오노미치의 정토사 외에도 30개가 넘는 건물을 수리했지만 그 때마다 새로운 발견과 경이를 맛보고 있습니다.

단지 그 때마다 발견했던 것들을 다 전달하는 것은 상당히 어렵습니다. 건축이라는 것은 역시 실제로 현장에 가보고 해체도 해보고 다시 건립도 직접 해보지 않고서는 알 수 없는 것이 많습니다. 저로서도 여러 군데 현장을 체험하는 과정에서 조금씩 알게 된 것이 많이 있습니다.

게다가 목조건축의 탁월함이라는 것은 완성된 것을 외부에서 보는 것만으로는 다 설명하기가 어려운 것입니다. 보통사람인 여러분 중에서도 서까래 등 건축물 부재료의 이름을 열심히 공부하고 계시는 분이 많을 줄로 생각하지만 그런 것들이 어떤 역할을 하는 것인지 질문을 받는다면 상당히 설명하기가 어려운 분들이 많을 것입니다.

설령 건축의 도면을 본다 하더라도 역시 초보자는 잘 알 수가 없어 설명하기가 쉽지 않습니다. 이것이 어렵다고 생각되는 분들을 위한 좋은 책이 한권 있습니다. 「도해 고건축 입문」(표국사, 1990년) 이라는 책으로 옛 건축이 어떤 식으로 이루어졌는지에 관하여 상당히 알기 쉽게 써 있습니다.

관심이 있으신 분은 이 책을 읽어 보시기 바라며, 우선 이 책에 있는 「법륭사 식당」의 도안을 인용해서 목조건축의 멋진 지혜의 일면을 소개하겠습니다.
 「식당」이라는 것은 스님들이 식사를 하기 위한 건물이지만 이것은 원래 사찰의 사무를 보기 위해서 사용된 것 같고 본래 의미의 식당은 아닙니다. 현재는 불상을 모셔 놓고 있습니다. 8세기 중엽에 건립된 것이므로 고대건축이라고 해야 되겠습니다.
 목조건축은 식당뿐만이 아니고 오중탑과 금당 등 건물의 종류도 많고, 건립된 시대와 지역마다 다른 건립 방법에 따라 나무의 조립구조가 여러 가지로 변하게 됩니다. 그래서 「식당」의 도안은 조립구조의 하나에 불과하지만 이것으로 목조건축의 기본과 어디가 어떤 종류의 멋을 간직하고 있는지를 이해할 수 있을 것으로 생각됩니다.
 고대건축이라는 것은 목조건축의 시조라고도 말할 수 있으므로 그 구조도 나중 시대의 건축물과 비교하면 비교적 단순해서 기본을 배우는 데는 좋은 소재가 되는 것입니다.

제 2장 목조건축에 숨겨진 일본인의 지혜(表題)   47

 주춧돌과 기둥
— 습기를 피하는 지혜

　우선 지반과 주춧돌부터 이야기를 시작해 보겠습니다. 「그림 1(p.48)」은 법륭사 식당의 도안인데 주춧돌 위에 기둥이 놓여있는 것을 알 수 있습니다.
　실은 원래의 옛 건물은 주춧돌을 사용하지 않고 땅을 파서 기둥을 세우는 방식이었습니다. 땅을 파서 세우는 방식이라는 것은 돌을 사용하지 않고 지면에 굴을 파서 그 밑을 단단하게 다진 다음 기둥을 세우는 것인데 이런 것은 얼마 가지 않아 기둥뿌리가 썩어버립니다.
　땅 위에 직접 기둥을 세우면 아무리 잘해도 기둥이 지면에서 올라오는 수분을 흡수하게 됩니다. 그런 결점을 극복하기 위해서 사용된 것이 바로 주춧돌입니다.
　오노미치의 정토사 본당도 주춧돌 위에 기둥이 놓여져 있습니다. 정토사 본당의 수리공사는 전체를 해체하지 않으면 안 되었기 때문에 어떤 식으로 지반을 조성했는지를 상세하게 조사하는 것은 불가능했지만 한 곳만 깊이 파보면 흙이 다져져 있는 것을 알 수 있었습니다. 게다가 이 단단한 흙 표면에는 울퉁불퉁한 부분이 있기도 하고 지면 가운데까지 균열이 있기도 하고 구멍이 생기기도 했던 부분을 확인할 수 있었습니다.
　흙을 다진 것으로 지반을 만들 때는 다진 흙이 서로 떨어지지 않을 때까지 기다려야만 하는데 표면의 요철과 균열은 그만큼 시간을 기다리지 않았다는 것을 이야기해 주고 있습니다. 그만큼

급하게 재건했던 것입니다.

　지금의 정토사는 화재로 전체 산이 타버린 2년 후에 재건된 것인데 지반의 조사에서는 다진 흙의 깊이 두척반(약 76센티) 정도 되는 곳에서 화재 당시에 생긴 재 섞인 흙도 발견되었습니다. 이 재 섞인 흙 위에 지금의 건물을 재건했던 것입니다.

　화재가 난후 불과 2년 만에 이 정도의 건물을 지었다는 것은 그 만큼 신앙심이 강했다는 것을 알 수 있습니다. 또 당시에 오노미치에는 재빨리 재건할 수 있을 만큼의 풍부한 경제력이 있었다는 것도 알 수 있습니다. 어쩐지 탐정소설 같지만 단지 한 곳을 파 보는 것만으로도 이 만큼의 사실들을 알 수 있는 것입니다.

【기둥 위를 통과하는 가로대가 목조건축의 강인함의 비밀】

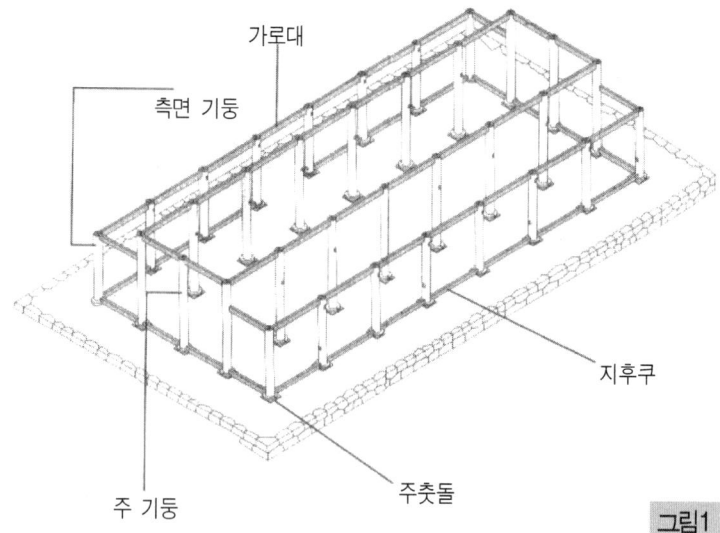

그림1

주춧돌로 이야기를 되돌아 가보면, 주춧돌에도 여러 가지 형식이 있습니다. 이것도 옛 목수의 지혜입니다.

나라시대의 건축물 등의 경우 마루가 없기 때문에 주춧돌이 사람의 눈에 잘 띕니다. 사람들의 눈에 띄는 곳은 철저하게 아름답게 꾸미는 것이 옛 목수들이므로 주춧돌도 아름답게 다듬어져 있습니다. 모양을 정돈하고 기둥이 놓인 표면도 평평하게 합니다. 단순히 평평하게 해서 놓는 것만으로는 기둥이 주춧돌 위에 간단히 서 있지는 않으니까 기둥과 맞물리게 하기 위해서는 지혜가 필요했습니다.

주춧돌의 한 가운데는 돌기부분을 남겨두고 기둥 밑 부분을 파서 서로 맞물리게도 하고, 그것과는 반대로 주춧돌의 한 가운데 부분에 구멍을 파고 기둥 밑 부분의 한 가운데에 돌기부분을 남기는 식으로 가공해서 서로 맞물리도록 하는 궁리를 한 것입니다. 제가 보기에는 주춧돌에 구멍을 파면 거기에 빗물이 고이게 되고 어쩔 도리가 없으니까 주춧돌에 돌기부분을 남겨두는 편이 더 좋은 방법이라고 생각합니다.

시대가 흐르면서 상판을 걸치게 되고 툇마루가 생기게 되어 주춧돌이 직접 사람의 눈에 띄지 않게 되자 자연석을 그대로 주춧돌로 사용하는 경우도 나오게 되었습니다. 자연석은 울퉁불퉁하므로 거기에 맞도록 기둥 밑을 가공하는 것은 힘든 일이었지만 컴퍼스를 사용하면 돌의 형태를 찍어낼 수 있으므로 못할 것도 없었습니다.

끌을 사용해서 처음에는 어림잡아 깎아 두고 차근차근 정교한 부분을 맞춰가는 것인데 여기 저기 빈 공간이 하나도 없이 완벽하게 맞출 필요까지는 없습니다. 종이 한 장도 들어가지 않을 정도로 빈 공간이 없다면 그것은 그것대로 거기에 습기가 차서 썩기 쉽게 됩니다. 그래서 마지막 부분은 적당히 습기를 방지할 공간(피난처)을 두는 것이 보통입니다. 이러한 「피난처」도 옛 목수들의 지혜라고 할 수 있겠습니다.

【약 700년이 지났는데도 깨끗한 히노키 기둥과 자연석을 사용한 주춧돌】

정토사 본당(히로시마) 서쪽 기둥과 주춧돌

주춧돌로 사용하는 돌에 대하여 언급하면 돌에 따라서 물을 흡수하는 돌과 흡수하지 않는 돌이 있습니다. 물론 물을 흡수하지 않는 돌이 좋지만 흡수하는 성질의 돌을 사용할 때에도 기둥 밑에는 습기를 피할 수 있는 궁리를 하고 사용하는 것입니다.

주춧돌을 가공하는 것과 자연석을 그대로 사용하는 것 중 어떤 것이 좋은가 하면 저는 자연석을 사용하는 편이 더 좋다고 생각합니다. 자연석을 사용하는 편이 서로 맞물리는 부분이 많기 때문에 지진 등이 일어날 경우 기둥이 주춧돌을 벗어나기가 쉽지 않게 됩니다.

오노미치의 정토사 본당의 주춧돌도 자연석입니다. 그 돌은 가까운 산에서 채취한 화강암으로 직사각형 모양입니다. 그리고 기둥 밑에는 십자가 형태의 홈이 패어 있습니다. 빗물 등의 물기를 빼기 위해서 만든 홈입니다. 그 홈에서 습기를 제거하는 것입니다. 과연 이러한 것까지 고려하면서 일을 하였던 것입니다.

지진에 강한 「가로대」 구조의 멋

주춧돌을 잘 놓았다 하더라도 주춧돌 위에 기둥을 올려놓으면 괜찮은 건지, 기둥이 넘어지지나 않을까 라는 생각이 들지도 모르겠습니다. 거기에 기둥을 고정시키기 위하여 「카시라누키」(기둥과 기둥사이를 잇는 가로대) 라는 것을 사용합니다.

카시라누키는 말하자면 「가로대」 구조의 일종입니다. 기둥 꼭대기에 홈을 파서 거기에 목재를 끼워 넣은 것입니다. 이런 식의 가로대로 기둥과 기둥사이를 연결하기 때문에 건축물의 지탱하는 강도가 높아지게 됩니다. 가로대에는 기둥 제일 위를 통과하는 카시라누키 외에도 그 밑에 히누키, 우치노리누키, 기둥 제일 밑을 통과하는 지누키 등 기둥 어디를 통과하느냐에 따라서 여러 가지 종류가 있습니다. 그리고 이 「가로대」 구조에는 못을 사용하지 않고 나무와 나무를 끼워 맞춥니다.

못이나 접착제로 고정시키지 않고 나무와 나무끼리 맞추어 두는 것이 빈틈없이 맞춰지므로 구조적으로 더 강합니다.

요즘의 철근과 철골 구조의 건물도 옛 「가로대」 구조의 강인함과 비교하면 이길 수가 없다고 저는 생각합니다. 예를 들어 지진이 일어났을 때 철로 만들어진 경우는 어느 정도 흔들리기까지는 견딜지 모르지만 흔들림이 심한 경우에는 크게 부서지거나 구부러져서 커다란 위험에 처하게 됩니다.

그런데 「가로대」 와 같이 나무로 건조된 경우는 흔들리면서도 그 흔들림을 흡수하게 됩니다. 이미지로 보면 갈대와 같다고나

할까요. 흔들리지만 다시 제자리로 돌아오는 것 말입니다. 「수양버들은 바람에 꺾어지지 않는다.」 라고 하는 말과 같은 것입니다.

【카시라누키는 못을 사용하지 않는 "나무 조립 지혜"의 전형】

구석의 카시라누키

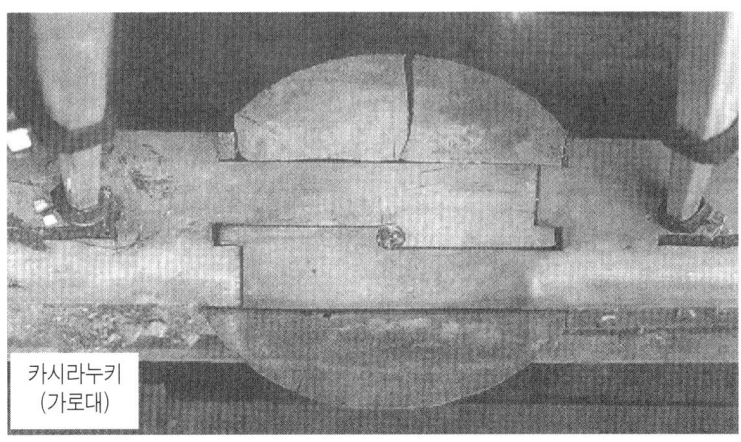

카시라누키 (가로대)

카시라누키를 위에서 보면 기둥의 머리 부분에 나무를 조립해서 연결하고 있는 것을 알 수 있다.(1968년 정토사 아미타당[히로시마] 수리공사)

큰 지진을 당한 옛 건축물 중에는 건물이 부서지지 않고 건물 전체가 주춧돌로부터 통째로 몇 센티 이동했다는 예도 있습니다. 건물 전체가 옆으로 이동하더라도 건물은 부서지지 않는다는 것입니다. 이렇다면 주춧돌에 놓여진 건물을 이동하더라도 거의 원래의 상태를 유지할 수 있다는 말입니다. 그런데 요즘 건물처럼 기초가 콘크리트로 단단하게 고정되어 있으면 옆으로 움직일 수가 없으니까 큰 흔들림을 받을 때 부서질 수밖에 없습니다.

이어서 못에 관해서 이야기하자면 일본의 옛 건축은 전혀 못을 사용하지 않는다고 생각하실 분도 계시는지 모르지만 그렇지는 않습니다. 물론 그 때의 못은 요즘의 못과는 전혀 다른데, 일본 못이라고 해서 사용해야 할 곳에는 반드시 사용했습니다.

예를 들면 카시라누키 외에 「나게시」 라는 재료는 기둥과 기둥을 옆으로 연결하는 것인데, 나게시는 못으로 기둥에 박아서 붙입니다. 그 외의 부분에도 필요에 따라서 못을 사용합니다.

옛 건축의 강인함의 비밀은 못을 전혀 사용하지 않는다는 것이 아니고 그 「가로대」 구조처럼 「나무와 나무가 서로 조합되어야 산다.」 라는 기본적인 개념을 견고하게 지키는 것에 있는 것입니다.

 # 못과 나무가 궁합이
맞지 않는 이유

전통적인 일본 건축에서는 나게시는 별도로 하더라도 구조의 축이 되는 부분은 기본적으로 못을 사용하지 않습니다. 단지 나무와 나무로 결합하고 있습니다. 그러나 그것은 기술 수준이 낮기 때문이 아니고 일부러 못을 사용하지 않는 것입니다. 거기에 지혜가 있는 것입니다. 못으로 나무를 죽이면 안 된다고 알고 있었던 것입니다. 중세가 되면서 못의 부작용은 없다고 하였지만 그 못은 요즘 못보다 훨씬 품질이 좋은 것도 있었는데도 중세의 목수들은 못을 사용하는 것을 되도록 피했던 것입니다.

못으로 단단하게 박아두면 그 당시에는 좋을지는 모릅니다. 정말 완벽하게 결합된 것처럼 보입니다. 그러나 지진이나 태풍이 엄습해 왔을 때는 어떻게 될까요? 못으로 연결된 곳은 큰 힘을 받게 됩니다. 만약 이때 못이 약하다면 거기가 부서지게 됩니다. 반대로 못이 강하다면 못 주위가 힘을 딱 정면으로 받게 됩니다. 그래서 어떤 경우에도 좋지 않습니다. 지진과 태풍의 힘은 대단합니다. 자연의 힘과 싸우면 인간이 지는 것은 기정사실입니다.

그러나 나무를 조합한 것만으로 지은 건축물은 결합된 부분이 자연스럽게 힘을 피하는 곳이 됩니다. 또 결합된 부분이 흔들림을 붙잡는 효과도 있습니다. 흔들림을 피하는 동시에 흔들림을 작게 해주는 것입니다.

지진과 태풍이 올 때뿐만이 아닙니다. 나무는 목재가 된 후에도 습도의 변화 등에 신축적입니다. 못으로 고정되어 있지 않아야 이런 신축성 같은 작은 변화에도 반응할 수 있습니다. 못에 녹이 스는 걱정도 하지 않아도 됩니다.

녹은 귀찮은 존재입니다. 녹은 거기에 접하고 있는 나무를 상하게 합니다. 못을 사용하면 일은 간단해 질지는 모르지만 목조 건축에 함부로 못을 사용하는 것은 장점보다도 단점이 더 많은 것입니다.

제가 못을 사용하는 것보다 나무를 결합하는 것이 더 좋다고 말하는 것은 옛 건축 세계에서의 이야기이고 요즘 건축 이야기가 아닙니다. 요즘의 건축물은 목조건축처럼 겉은 보여도 철골도 사용하고 옛날에는 없었던 합판도 사용합니다. 나무로 결합하는 것이 아무리 좋다고 말해도 건축 재료의 차이를 무시하고 나무를 사용한다고 하는 것은 그것대로 무리가 있는 것입니다.

그러나 철골이나 합판이나 콘크리트도 없었던 시대에는 나무 결합으로 건물을 짓는 것이 가장 좋은 방법이었던 것입니다. 그리고 이런 지혜가 있었기 때문에 중요 건축물을 몇 십 년 몇 백 년 유지시킬 수 있었던 것입니다. 나무라는 것의 성질도 전혀 고려하지 않고 단지 쇠못과 볼트로 고정시키면 좋은 건축이 된다고 하는 식의 사고방식은 그것이야말로 잔꾀인 것입니다.

여기서 착각을 하시면 곤란합니다. 철근과 합판과 콘크리트를 사용하지 않고 나무로 건축을 하는 것이 시대에 뒤떨어진다는 것은 아닙니다. 오히려 앞서가는 것이라 생각합니다. 지혜도 기술도 우수하므로 그렇습니다.

현대의 건물들을 중세의 목수들에게 보여준다면 그들은 처음에는 굉장히 감탄할 것입니다. 그러나 크게 놀라는 것은 그 놀라움 자체뿐이고 그 건축 방법을 알게 된다면 고개를 저을 것이라고 생각합니다. 「뭐야, 이건 대단히 크기는 한데 백년도 못 가겠

는걸. 솜씨는 우리가 한 수 위야.」라는 것이 그들의 감상일 것입니다. 아니 중세의 목수들까지 거슬러 올라갈 필요가 없을지도 모르겠습니다. 에도시대의 민가도 백년이상 가는 건물이 얼마든지 있으니까요.

「기둥 받침목」보다도 「흙벽」이 뛰어난 이유

 그리고 최근의 건축물에서는 기둥 받침목을 중요시합니다. 건축 관계 법률 자체도 기둥 받침목을 사용하는 것을 전제로 하는 부분이 많습니다.

 기둥 받침목이라는 것은 기둥과 기둥 사이를 대각선으로 연결해주는 목재를 말합니다. 큰 나무를 기둥 받침목으로 사용해서 좀 굵은 X자 표시처럼 보이는 것도 있습니다. 기둥 받침목을 해두면 지진이 오거나 태풍이 오더라도 괜찮다고 생각하는 것 같습니다. 그렇지만 그 기둥 받침대는 못이나 볼트로 고정시키고 있습니다.

 이것도 옛 목수들이 보면 기가 막힐 일입니다. 기둥 받침목을 넣어 두면 외부로부터 큰 힘이 가해졌을 때 버티는 역할을 해 줄 것입니다. 그러나 그 끝이 못이나 볼트로 꽉 조여 있기 때문에 힘이 약하면 휘어지게 되겠지만 어느 정도 이상의 힘을 가하면 그 힘을 회피할 수가 없게 됩니다. 즉 다시 되돌아 오는 것이 안 되는 것입니다.

 이러한 사고방식으로 건물을 짓는다면 탱크 같은 건물이 가장 좋겠다고 말할지는 모르지만 그런 어이없는 이야기를 하는 것은 아닙니다. 그렇다면 옛 건축물이 남아있을 리가 없을 것입니다.

 요즘의 건물은 불과 3척(약 91센티) 밖에 떨어져 있지 않은 기둥과 기둥 사이에까지 받침목을 넣고 있습니다. 그런 곳에 받침목을 사용한다고 해도 흔들림에는 그다지 효과가 없다고 생각되는

데도 말입니다.

　게다가 더욱 안 좋은 것은 어떻든지 받침목을 넣었다는 것으로 가장 중요한「가로대」를 손상하는 경우마저 있습니다. 가로대도 받침목도 모두 기둥과 관계가 있기 때문에 서로 상충하는 경우가 있는 것입니다. 이럴 때 가로대를 상하게 하면서까지 받침목을 넣는 경우가 많습니다. 무리하게 받침목을 사용하지 않고 가로대를 잘 사용하면 그것만으로도 내진성(耐震性)은 충분히 확보될 수 있다고 생각됩니다만 어떻게든 받침목을 하는 것이 요즘의 건축입니다.

　또한 벽의 강도 측면에서 보더라도 실은 흙벽이 가장 뛰어나다고 생각합니다. 솜씨 좋은 직공이 정성을 다해 만든 흙벽은 강도 측면에서 가장 우수합니다. 흙으로 만든 벽이라 별거 아니라고 생각할지 모르지만 흙벽에도 직공의 지혜가 들어있는 것입니다. 흙벽과 지붕 흙에 사용되는 흙은 그 흙을 만드는데 만 1년이나 2년이 걸립니다. 흙 속에 짚을 넣고 1년이나 2년을 지내면서 흙을 발효, 즉 부패시킵니다. 이렇게 발효된 흙은 식물의 씨앗이 날아와도 싹을 틔울 수가 없게 되고 곰팡이가 생기지 않습니다. 벽에서 잡초가 생기는 류의 건물은 직공이 흙을 만들 때 손이 덜 간 것입니다.

　그런 흙을 바르기 전에 나무나 대를 쪼개서 긴 막대기처럼 만든 것을 가로 세로로 엮어서 벽에 끼워 넣습니다. 이것을「코마이」라고 하는데 나무를 잘라서 엮은 것을「나무 코마이」라고 하고, 대를 쪼개서 엮은 것을「대 코마이」라고 합니다. 오노미치의 정토사 본당의 경우는 나무 코마이가 이중으로 되어 있어서 정말 기본에 충실하게 일을 했음을 알 수 있습니다.

　코마이에 흙을 바르면 흙벽이 되는 것인데 흙을 바를 때도 1,2

년에 거쳐서 덧칠을 해 가는 것입니다. 옛날에는 건물을 건립하는데 수년이 걸렸으므로 처음에 흙을 바르고 마를 때까지 기다렸다가 또 바르는 식으로 수년에 걸쳐서 덧칠을 했던 것입니다.

이렇게 만들어진 흙벽은 습도가 높을 때는 수분을 흡수해서 건물의 습도를 조절하는 기능을 수행하기도 하고 지진이 있을 때는 찰기를 갖게 되어 상당한 강도를 발휘하게 됩니다.

그런데 지금은 뭐든지 효율의 시대가 되어 흙을 몇 년씩 재두거나 몇 년씩 걸쳐서 벽을 바르는 등의 손이 많이 가는 일은 거의 하지 않게 되었습니다. 흙벽의 흙은 썩은 흙이므로 바를 때 매우 냄새가 나는 것도 흙벽을 선호하지 않게 된 이유일지는 모르지만 진정한 건축을 원한다면 흙벽도 다시 한번 재검토 되어야 할 기술이라고 생각합니다.

옛 목수들은 기둥 받침목 보다 가로대가 더욱 효과적이라는 것은 이미 알고 있었던 것입니다. 받침목을 전혀 사용하지 않는다는 것은 아니지만 현대의 건축에서 사용하는 것처럼 하지는 않습니다. 받침목을 넣는 곳은 불과 얼마 되지 아니하고 그 대신에 가로대를 많이 사용해서 건물의 강도를 확보하고 있습니다.

저도 가로대를 적절하게 사용하는 편이 더 좋다고 생각합니다. 요즘의 법률에서는 목조 건축인 경우 받침목을 사용하도록 되어 있으므로 그것을 위반해서는 안 되겠지만 저는 받침목은 필요 없다고 생각합니다. 가로대를 사용하는 것이 더 좋습니다.

가로대는 최근에 짓는 건물에도 사용되고는 있습니다. 그러나 사용되기는 해도 구조적인 역할을 거의 수행하지 못하는 것이 대부분인 것 같습니다. 가로대보다도 받침목을 더 선호하는 건축 방법으로 바뀌어 가고 있습니다. 이런 것도 기술의 퇴화라고 생각됩니다. 옛 목수들의 지혜를 잊어버리고 받침목으로 건물을 꽁 꽁 묶어두고 있는 것입니다. 그런 것으로 자연의 힘을 이겨보려고 하는 등의 발상은 교만이라고 생각합니다. 자연의 힘과 잘 사귀어 가는 방법을 생각하는 편이 낫습니다. 그것이 진정한 지혜가 아닐까요?

지진이 오거나 태풍이 올 때 미동도 하지 않는 건물을 짓겠다는 등의 생각은 잘못된 것이라고 생각합니다. 지진이 올 때 흔들리고 태풍이 불 때 흔들리는 것이 좋은 것입니다. 흔들리되 넘어지지 않으면 되는 것입니다.

사람도 마찬가지입니다. 너무 착실해서 빈틈없이 정확한 사람일수록 스트레스에 약하다고 하지 않습니까? 스트레스가 쌓이면 갖고 있지 말고 울기도 하고 화를 내기도 하면서 풀어버리는 것이 좋다고 합니다. 건물도 그것과 마찬가지입니다.

문화재 수리에서도 받침목을 넣는 것이 좋다고 하는 사람도 있습니다. 반대로 받침목이 없어도 오래가기 때문에 필요 없다고 하는 사람도 있습니다. 이 문제가 흔히 있는 논란의 씨앗이 되고 있는 느낌이 듭니다. 그렇지만 왜 그런 것으로 논란을 하지 않으면 안 되는지 저로서는 잘 모르겠습니다. 정답은 이미 확실하게 밝혀졌다고 생각는데도 말입니다. 받침목이 필요 없다는 증거가 바로 눈앞에 얼마든지 있지 않습니까?

왜「상량식」이라고 하는가.

지탱하는 부분이 완성될 즈음에 드디어 지붕 부분을 만들게 됩니다.「마스」,「코우료우」,「히지키」등의 이름을 아시는 분도 계실지 모르지만 이런 것들이 건축을 지탱하는 부분과 지붕 사이에서 중요한 역할을 하고 있는 것들입니다.

지붕의 일부분을「코야구미」라고도 하는데 코야구미를 받쳐주는 역할을 하는 마스나 히지키 등을「구미모노」라든지「토키요우」라고 합니다. 겉에서 보는 것만으로는 토키요우가 어떻게 조합되어 있는지는 알기가 쉽지 않은데 그것을 알기 쉽게 표시하면 그림 2(p.63)와 같습니다.

기둥 위에 먼저 마스라는 재료를 올려놓습니다. 마스(되)라는 이름이 붙게 된 것은 술 등의 량을 재는 네모꼴로 된 되와 모양이 비슷하기 때문이 아닌가 생각됩니다. 이런 마스는 들보를 받치기 위해서 구멍을 파서 만들어져 있습니다.

마스 위에 얹는 것이 들보입니다. 무지개처럼 완만한 곡선으로 되어 있기 때문에「코우료우」라고 불러집니다. 그 위에「히지키」를 얹게 됩니다. 히지키는 그 이름 그대로 사람의 팔꿈치(히지)처럼 생겼다고 해서 붙여진 이름입니다. 법륭사 식당의 마스와 히지키, 즉 토키요우는 조립된 방법이 매우 단순했지만 시대가 흐르면서 여러 종류의 토키요우 조립 방법이 나왔습니다.

마스와 코우요우, 히지키를 그림처럼 조립하고 드디어「케타(기둥 위에 가로 걸치는 나무)」를 얹게 됩니다.「구미모노(組物)」라는 이름 그대로 나무를 단단하게 짜 맞춰서 건물의 강도를 증가시키고「코야구미」의 하중을 지탱하는 부분에 균형이 잘 맞도록 전달하는 역할도 하게 하는 것입니다.

　케타 중에 가장 바깥쪽에 있는 것을 「가기요우」라고 합니다. 원래는 그림 3(p.65)처럼 둥근 목재라는 데서 붙여진 이름이지만 시대가 바뀜에 따라서 사각형 목재도 사용하게 되었습니다. 그러나 둥글든 사각형이든 이 나무는 모두 「가기요우」라고 부릅니다.

　또 케타 중에서 가장 높은 곳, 건물의 중앙을 통과하는 것을 「무나게타」라고 합니다. 간단히 「무네(마룻대)」라고도 합니다. 즉 상량(마룻대를 올리는 일)의 마룻대인 것입니다. 이런 「무나게타」가 완성되어야 건축물이 일단락 되는 것이므로 「상량식」이라고 해서 축하를 하는 것입니다.

【여러 겹으로 된 나무의 조합이 지붕 부분을 지탱하는 강인함이 된다.】

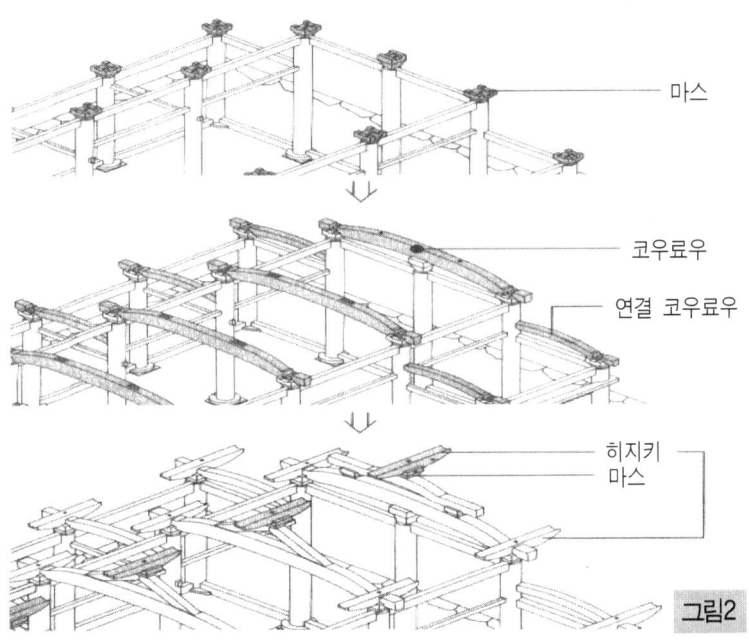

그림2

아름다운 처마를 만들기 위해
필수 불가결한 「서까래」 연구

상량이 끝나면 다음은 그 위에 서까래를 올려놓습니다. 서까래는 처마의 선을 나타내는데 결정적인 역할을 하는 것으로 단순하게 생각하면 서까래는 한 종류만으로도 충분한 것입니다. 그림 4(p.65)에 있는 「地서까래」만으로도 지붕과 처마를 만드는 데는 충분합니다.

그런데 먼 옛날의 직공들은 그렇게 하지 않았습니다. 「地서까래」위에다 「飛檐서까래」를 얹어 처마를 깊게 해서 처마 끝을 밖으로 나오게 하는 것입니다.(그림 5 p.66) 비첨서까래의「檐(첨)」이라는 글자에는 추녀라는 의미가 있습니다. 어째서 이런 귀찮은 것을 했느냐 하면 여기에는 두 가지 이유가 있다고 생각합니다.

하나는 중국 대륙과는 달리 고온 다습하고 비 오는 날이 많은 일본에서는 처마를 길게 내어서 비로부터 건물을 보호할 필요가 있었던 것입니다. 중국처럼 짧으면 휨의 정도를 심하게 만들어도 일본에서는 빗물 처리가 곤란하게 됩니다.

다른 하나는 미의식에서 나온 것입니다. 끝까지 가면서 길고 멋지게 휘어지는 처마는 「地서까래」만으로는 만들 수가 없습니다.

그래서 「地서까래」에 「飛檐서까래」를 조합하여 조금씩 처마선의 각도를 바꾸어 가는 연구를 한 것입니다. 그림 6(p.66)에서처럼 地서까래 위에 「키오이」라는 것으로 이어서 「飛檐서까래」를 얹고 그 각도를 미묘하게 변화 시켜 가는 기법을 쓰고 있습니다.

그러므로 이곳이야말로 중세 목수들이 가장 공을 들였던 곳이고 다양한 연구가 이루어졌던 곳입니다.

【무나게타가 완성되면 상량식 이라고 해서 축하한다.】

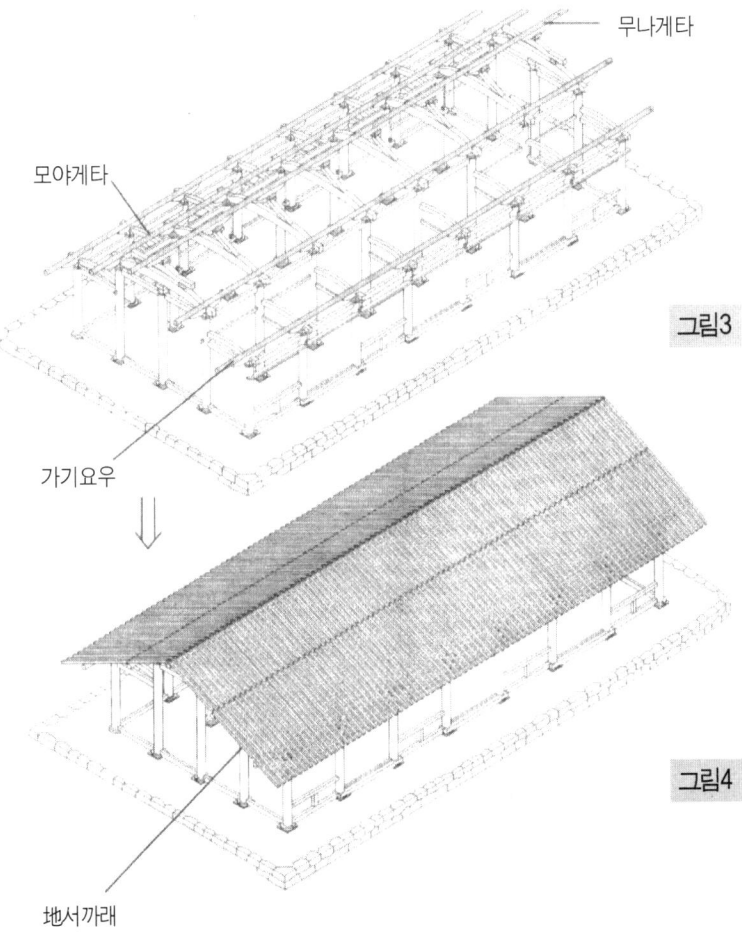

예를 들면 서까래와 서까래의 간격인데, 현대 우리들이 생각으로는 먼저 서까래는 똑같은 간격으로 배치하게 됩니다. 중세의 목수들도 기본적으로는 서까래의 배치를 같은 간격으로 생각했

습니다. 그러나 장소에 따라서는 의도적으로 서까래의 간격을 틀리게 하고 있습니다.

【飛檐서까래가 휜 처마에서는 가장 중요하다.】

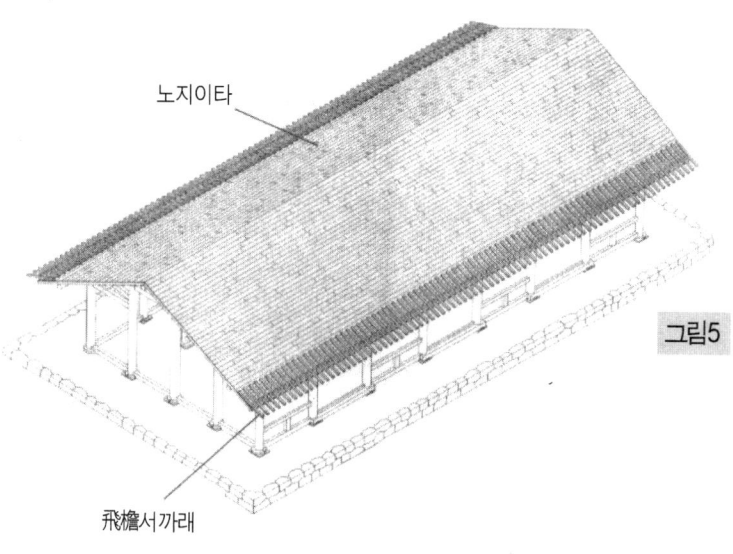

그림5

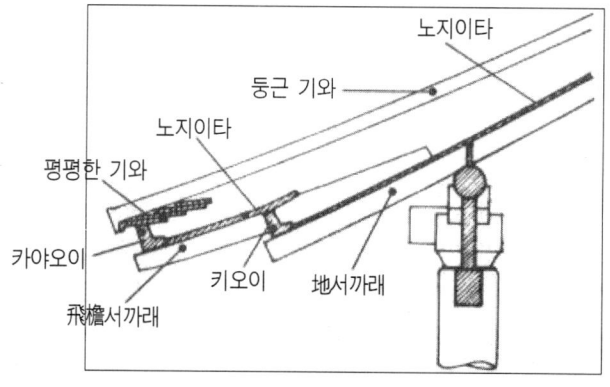

처마 끝의 단면도

그림6

특히 건물의 네 구석에 있는 기둥 근처에서는, 즉 처마 끝 부분에서는 눈에 띨 정도로 중간은 5촌 간격으로 정렬한 배치를 어떤 곳에서부터는 5촌 1푼이나 5촌 2푼으로 넓어지기도 하고 반대로 4촌 9푼 식으로 좁아지기도 하는 경우가 있습니다. 왜 그렇게 하였는가 하는 이유는 솔직히 말하면 아직 미지수입니다. 그렇지만 같은 목수의 한 사람으로서 생각해보면 실은 납득이 갑니다. 건물을 아름답게 보이기 위한 지혜였다고 생각합니다.

처마 끝에 가까이 감에 따라서 휨의 정도가 올라갑니다. 만약 모든 서까래를 같은 간격으로 정렬하면 끝 부분에 있는 서까래는 밑에서 보았을 때 서까래의 간격이 좁아든 것처럼 보일 것입니다. 그것을 피해서 서까래가 예쁘게 같은 간격으로 늘어선 것처럼 보이기 위해 미묘하게 간격을 바꿨던 것입니다. 서까래의 간격 차이에 대하여 저와 같이 생각하는 것은 아직 소수파에 불과할 것입니다. 적어도 학자들은 이렇게 이야기하지는 않습니다.

중세(가마쿠라, 무로마치 시대)는 서까래 배치의 기본이 확립되었던 시기였다고 할 수 있습니다. 그것은 「시와리」라는 기법으로 서까래의 간격에 따라서 기둥과 기둥의 간격 등 다른 부분의 치수를 정해 가는 방법입니다. 기둥을 세웠기 때문에 그것에 맞추어서 서까래를 놓은 것이 아니고 먼저 서까래를 어떤 간격으로 배치할까를 생각한 후에 기둥 놓을 곳을 결정하는 것입니다. 먼저 서까래가 있어야 한다는 이유 때문에 서까래의 배치를 대단히 중요시 한 것입니다.

그렇지만 그 정도로 중요한 서까래를 움직이는 폭은 미묘하더라도 일부러 끝 부분에 가까이 감에 따라서 간격을 변동시키는 것은 「시와리」의 기법만으로는 설명이 되지 않습니다. 시와리에 충실한 서까래의 간격은 변경할 수 없어야 하는 것입니다. 그러나 중세의 목수들은 장소에 따라서는 시와리라는 규칙을 깨고서라도 그 장소에 맞춰서 그들의 미의식을 그렇게 나타냈다는 것을 알 수 있습니다. 서까래의 정렬을 아름답게 보여주기 위해서 시와리라는 원칙에 구애되지 않고 섬세한 작업을 수행했던 것입니다.

【메기서까래는 세토나이 특유의 완만한 곡선으로 되어있다.】

飛檐서까래
地서까래
메기서까래

정토사 본당(히로시마)의 향배

또한 휘어진 처마를 아름답게 드러내기 위하여 건물 네 구석의 기둥을 다른 기둥보다도 조금 높게 하는 지혜도 보여주고 있습니다. 이렇게 하면 처마 끝 부분으로 감에 따라서 서까래가 자연스럽게 위로 휘게 되어 예쁜 휜 처마를 만들기 쉽게 됩니다.

중세 세토나이의 건축물에는「메기서까래」라는 것도 있습니다. 메기의 수염처럼 서까래 자체가 휘어져 있기 때문에 이런 이름이 붙은 것입니다. 이것은 향배 부분에 사용됩니다. 향배라는 것은 건물 정면의 계단 부분을 위에서 덮고 있는 서까래를 말합니다.

이처럼 서까래 자체를 구부려서 만드는 경우도 있었던 것입니다. 그것도 서까래에 힘을 가해서 구부린 것이 아니고 두꺼운 목재로부터 구부러진 형태의 서까래를 잘라냈던 것입니다.

보통의 방식대로 똑바로 서까래를 잘라내면 두 개를 만들 수 있는 것인데도 불구하고 하나의 서까래 밖에 만들 수 없는 비용이 많이 드는 목재의 사용방법을 택한 것입니다. 효율성을 중시하는 현대에서는 목재가 아까워서라도 그런 방식을 쓰지 않겠지만 중세의 목수들은 그 정도로 서까래에 신경을 쓴 것입니다.

# 기둥과 기둥 사이의 치수가
우수리 숫자가 되는 이유

현대의 사람들이 건물을 지을 때는 우선 건물의 크기를 생각합니다. 그리고 건평은 어느 정도로 하고 부지의 모양이 이러이러하기 때문에 건물의 종횡의 길이는 이 정도라는 대략적인 방향을 잡고 정면의 폭과 안쪽의 폭을 정하는 것입니다. 이때 정면의 폭을 우수리 숫자가 되게 하지는 않습니다. 그 기초가 되는 것은 1간(6척, 약1미터 82센티) 이라는 단위입니다. 미터법이 있지만 다다미나 미닫이문도 길이는 1간, 너비는 반간이라는 단위로 만들어지므로 우수리 숫자로 하면 쓸데없는 고생을 하게 됩니다. 그런데 중세의 건물에서는 우수리 숫자가 자주 나옵니다.

그렇다면 중세의 목수들은 어떤 발상에서 이런 건물을 생각했던 것일까요? 확실한 증거가 있는 것은 아니지만 저의 생각으로는 처마 밑에서 바라보는 서까래의 정렬로부터 출발해서 건물 전체를 고려한 발상이었다고 생각합니다. 부지의 모양과 넓이라는 제한이 있으므로 건물의 대강의 크기는 미리 생각했을 것입니다. 그러나 그 후로는 이 정도 크기의 건물이라면 처마를 만드는 서까래는 이렇게 나타내는 것이 좋다 라든지, 처마를 아름답게 보여주기 위해서는 기둥의 간격이 이 정도가 좋다는 등의 상황을 고려했을 것입니다.

흙을 반죽해서 접시와 항아리를 만들 때 먼저 높이가 몇 센티이고 직경은 몇 센티로 할 것을 미리 결정하고 작업을 시작합니까? 대량생산할 도자기라면 그 크기가 확실히 정해진 상태에서 작업을 시작하겠지만 미술품을 만들 때와 같은 항아리나 접시는 크기를 생각하기보다는 멋있는 모양을 만들어 내는 것에 더 마음을 쏟는 것입니다. 중세의 목수들도 우선 디자인 같은 것을 그린 후에 건물의 이미지를 풍기도록 하는 것으로부터 시작했다고 보아야 하지 않겠습니까?

그러나 그렇게 말해도 실제로 일을 할 때는 무언가 기준이 필요한 것이므로 먼저 처마를 만드는 서까래에 기준을 두었던 것입니다. 그런 식으로 하지 않았을까 하는 저의 생각입니다. 여기서 말하는 기준이라는 것은 어떤 건물에도 공통적으로 적용할 수 있는 기준은 아닙니다. 그 건물에 가장 어울리는 서까래의 배치를 기준으로 한다는 의미로 건물이 잘못 되었다면 거기에 맞도록 가장 아름답게 보이도록 서까래 배치도 바꿔야 한다는 기준입니다. 그 건물만의 기준 말입니다.

요즘의 건물은 기둥과 기둥 사이는 1간(6척)을 기준으로 하고 있지만 중세의 건물에서는 건물에 따라서 그 간격도 틀리는 것이 많습니다. 6척 3촌 몇 푼이라는 식의 간격으로 기둥을 정렬하고 있습니다. 그렇게 되면 다른 부분도 거기에 맞추지 않으면 안 되게 되고 그런 일들만도 귀찮은 일이 되는데 중세의 목수들은 건축물로서의 아름다움을 먼저 생각하고 그 토대에서 일을 해 나갔던 것입니다.

요리에 비유하면 요즘의 건물은 규격화 된 것을 짜 맞추는 식의 코스 요리라 할 수 있고 중세의 건물은 요리사가 자유로운 발상으로 고안해 낸 일품요리라는 식으로 말하는 것이 가능하다고 생각합니다. 또 그런 식의 사고에서 우수리 숫자의 설명도 가능하게 됩니다.

이러한 기준은 만드는 사람의 미의식에 의해서도 달라집니다.

어느 목수가 어떤 간격의 서까래 배치가 아름답다고 생각해도 다른 목수는 다른 배치가 좋다고 생각할지도 모릅니다. 그러나 사람에 따라서 틀리는 것이야말로 흥미를 자아내게 하는 것입니다.

시키는 그대로 건축만 하는 목수는 이런 것은 할 수 없습니다. 건축가라고 하는 감각과 장인으로서의 기술, 양측 모두를 갖고 있지 않으면 안 됩니다. 중세의 목수들은 그 양측 모두를 겸비하고 있었던 것입니다.

문화재를 수리하는 일을 오랫동안 계속해 오면서 곰곰이 생각한 것은 억지 이론으로만 사물을 보고 사물 그 자체는 보지 않는 것은 잘못이라는 것입니다. 머릿속을 비우고 빈 마음으로 보는 것입니다. 그렇게 하면 저절로 왜 그런 형태를 하고 있는지를 알 수 있습니다. 저는 그렇게 믿고 있습니다. 이론은 중요하지만 억지 주장이 색안경이 되어서 진정한 모습을 볼 수 없게 되는 경우도 있습니다.

중세 목수가 지었던 건축을 전제로 할 때 그것을 현대 사람의 생각으로 단정 짓는다는 것은 아무래도 무리가 따른다고 생각됩니다. 경우에 따라서는 중세 목수들의 지혜를 간과해 버리고 마는 결과가 될지도 모릅니다. 어느 정도는 현대적인 사고방식을 갖고 있는 것도 나쁘지 않다고 생각하지만 무엇이든 그것으로 다 설명할 수 있는 것은 아닐 것입니다.

문화재의 세계는 심오한 것입니다. 어제 오늘에 생겨난 건축물이 아닌 것입니다. 몇 백 년 몇 천 년 전의 시대에 살았던 사람들의 지혜와 기교의 흔적들입니다. 그러한 것을 볼 때는 우선 빈 마음으로 보아야 한다는 것이 가장 중요하다고 생각합니다.

「개구리다리」로도
알 수 있는 일의 옳고 그름

처마의 형태 하나만으로도 목수가 한 일의 옳고 그름을 알 수 있지만 「개구리다리」로도 알 수 있습니다. 무지개 들보 위에 또 하나의 들보를 얹는 경우가 있는데 이 때 위의 들보를 받치기 위해서 사용되는 것이 개구리다리입니다. 개구리가 막 발로 뛰어오르려고 하는 모습을 정면에서 본 형태를 하고 있기 때문에 개구리다리라는 이름이 붙여졌다고 합니다.

개구리다리는 밖에서도 잘 보이므로 이것을 보면 목수의 솜씨가 어느 정도 되는지를 짐작할 수 있습니다. 또 시대가 진행되어 감에 따라서 그 형태도 변해 가기 때문에 건물이 건립된 시대를 판단하는 것에도 도움이 됩니다. 형태와 모양도 여러 가지로 상당히 재미있는 물건입니다.

그래서 사찰 같은 곳에 가게 되실 때 개구리다리가 눈에 띄면 단순히 지나치지 말고 잘 관찰해 보십시오. 그렇게 몇 군데를 반복해서 가보면「아하, 이 전 사찰의 개구리다리는 이렇게 되어 있었는데 이번의 사찰에는 이렇게 되어있구나.」라고 하며 옛 건축물을 보는 눈도 깊어지게 될 것입니다.

옛 건축을 감상할 때는 사찰이나 신사나 마찬가지입니다만 먼저 정면의 문이나 입구의 대문부터 들어가는 편이 좋다고 생각합니다. 좀 가깝게 가려고 본당 바로 옆의 주차장에 차를 대고 본당 근처만 종종걸음으로 보고 돌아와 버리면 진정한 좋은 점은 알지 못할 것입니다. 그것을 건축한 목수로서는 정면으로부터 점점 가까이 다가갈 때 더욱 아름답게 보이도록 했을 것이기 때문입니다.

그러므로 차에서 내려서 먼저 정면에서 둘러보고 차분하게 감상해 가면서 길을 따라 걸어서 가까이 다가가십시오. 본당과 종루 등의 건물뿐만이 아니고 나무가 있으면 나무의 모양새를 보고 돌이 있으면 돌의 모양새를 보는 것까지 포함해서 우선 전체적인 맛을 느끼십시오.

사전에 상대방에게 전화를 걸어두는 것도 좋을 것입니다. 참배가 자유로운 곳이라면 일부러 전화를 하지 않아도 괜찮지만 그렇지 않은 경우는 모처럼 나왔는데 외관밖에 볼 수 없는 경우도 생기는 것입니다. 다만 신사의 경우는 배전(참배하는 곳) 정도까지는 보여주는 곳이 많지만 본전은 신체를 모시는 곳이기 때문에 보여주지 않는 곳이 태반입니다.

【개구리다리】

들보를 받치는 역할과 아름다운 장식성을 겸비하고 있다.
정토사 본당(히로시마)

또 혼자서 가는 것보다는 몇 명이서 함께 가실 것을 권합니다. 마음에 맞는 사람끼리 같이 가서 여기는 이렇고 저기는 저렇다는 등의 여러 가지 이야기를 나누면서 감상하는 것이 좋습니다. 거기에 누군가 설명해 주는 사람이 있다면 더욱 좋을 것이라고 생각됩니다.

저도 신사 불각을 보러 갈 때는 대개 동료들과 함께 갑니다. 목수이기 때문에 별도로 설명해 줄 사람이 필요 없고 대개는 다 알고 있지만 그래도 누군가 함께 가는 편을 좋아합니다. 목수들끼리 이야기하면서 구경하노라면 자기와 다른 견해도 들을 수 있습니다. 그런데서 논쟁을 벌이게 되는 것은 나중에까지 인상 깊게 기억되고 목수 일을 하는데 도움이 되는 경우가 많습니다.

스케치를 하는 것도 좋은 방법입니다. 사진을 찍어두면 간단하지만 그림을 그린다고 하는 것은 그 자체를 자세하게 보는 것이 되므로 카메라 바인더를 통해 바라볼 때 알아차리지 못한 것과 지나치고 넘어가는 것까지도 신경을 쓸 수가 있게 됩니다. 또 이것은 사찰이나 신사에 미리 양해를 얻어두고 해야겠지만 개구리 다리 같은 것은 카본지 등을 사용해서 본을 떠놓을 수가 있습니다. 저도 그렇게 해서 만들어 놓은 복사 본을 많이 가지고 있습니다.

옛 건축물의 감상 방법을 해설한 책도 나와 있으므로 그런 것을 미리 훑어보고 사찰 등을 방문하는 것도 좋다고 생각합니다. 휜 처마나 개구리다리 등도 그 하나인데 옛 건축의 감상법에도 핵심이 있고 그것을 공부하는 데는 역시 책을 읽는 것이 가장 빠른 방법이라 하겠습니다. 그렇게 하면 일반 사람들도 옛 건축의 심오한 세계를 재밌게 탐구할 수 있다고 생각합니다.

목조건축 · 오중탑은
왜 쓰러지지 않는가.

긴 키 지방을 중심으로 오중탑과 삼중탑이 지금도 많이 남아 있습니다. 전국적으로도 오중탑만 25개나 됩니다. 지진이 많은 일본 땅에 소재하면서도 이토록 많은 탑이 남아있는 것입니다. 특히 막말의 안세이 대지진 때는 일본 서부지역을 중심으로 진도 8급의 강진이 엄습했는데 이 지진에 국한되지 않고 오중탑과 삼중탑이 지진으로 쓰러졌다고 하는 이야기를 들어본 적이 없습니다. 아무리 강렬한 진동도 흡수해 버리기 때문입니다. 정말 대단한 것입니다.

오중탑은 그 형태로 보아 중심에 두꺼운 기둥이 있어서 각층을 받쳐주고 있다고 상상할지도 모르지만 그런 의미에서의 기둥은 아닌 것입니다. 그러므로 단순히 견고하다고 하는 것은 아닙니다.

심주(心柱)라고 불리는 기둥이 중심에 있기는 있지만 각층을 받쳐주는 역할을 하고 있는 것은 아닙니다. 심주는 각층의 기둥과 들보와는 별도로 독립해서 서있습니다. 독립해서 서있다고 하는 것은 문자 그대로 독립되고, 연결되지도 않았고 접촉도 하지 않는다는 것입니다. 심주는 지면에서 똑바로 서있고 그것 자체로만 서 있습니다.

탑에 따라서는 심주가 지면에서 떨어져서 탑 1층의 들보 위에 얹어있는 것도 있습니다. 그래도 쓰러지지 않는 것입니다. 가벼운 흔들림을 흡수해 버리기 때문입니다.

각층은 각각 그 아래 층 위에 얹어져 있고 지진이나 태풍으로 흔들려도 각층이 각각 별도로 흔들리게 되어 지진의 흔들림을 흡수합니다. 또 탑이 크게 흔들리면 각층이 심주에 닿게 되는데 접촉하는 정도에 따라서 각층의 흔들림이 크게 되는 것을 방해하게 됩니다. 오중탑도 중요한 부분은 못을 사용하지 않고 나무로만 조립되어 있습니다. 가로대도 사용하고 있습니다. 그러나 쓸데없이 기둥 받침목을 집어넣는 일 등은 하지 않습니다. 오중탑에 따라서는 에도시대 때 기둥 받침목을 넣은 것도 있지만 건축학자에 의하면 그것 때문에 비틀림이 생기기도 하므로 전혀 불필요한 받침목 이었다고 합니다.

철골로 오중탑을 만들면 어떻게 될까요? 혹은 콘크리트로 만들면 어떻게 될까요? 두 가지 모두 기술적으로 불가능하다고 합니다. 철골로 만든 오중탑은 굉장히 크기만 할 것이고 콘크리트 오중탑도 마치 콘크리트 덩어리 같은 탑이 되고 말 것입니다. 나무는 보통 생각하는 것보다도 훨씬 더 강합니다. 강인하기 때문에 그렇게 단정한 모습을 하고 있는 가운데서도 강인한 힘을 품고 있을 수가 있습니다. 또 나무의 강인함을 살려서 노리개로 자주 사용하고 있습니다.

나무로 짜 맞춘 데서 생겨난 노리개, 각층이 독립되어 있다고 하는 구조의 노리개, 게다가 기둥이라고 하는 노리개 (보통은 큰 하중을 받지 않는다)가 어울려서 훌륭한 내진성(耐震性)을 발휘하고 있다는 것입니다. 탑이 쓰러지지 않도록 하기 위해서 적당한 정도로 흔들리게 하는 것입니다. 이런 지혜는 일본의 고층 빌딩에서도 적용되고 있습니다. 오중탑이 일본의 고층 건물의 원조가 된 것입니다. 적당한 정도로 흔들리게 건축한다는 발상이 없었더라면 신주쿠 도심이나 요코하마 항구의 미래 모습은 다르게 될 것입니다.

　탑은 바라보는 것만으로도 좋지만 궁궐목수라면 누구라도 한번 쯤 탑을 건립해 보고 싶다고 생각할 것입니다. 그것도 철골과 콘크리트를 전혀 사용하지 않고 옛날과 동일한 방법으로 만드는 것이 가능하다면 정말 기분이 좋을 것이라는 생각을 하게 됩니다.

　그런데 오중탑을 재건하려고 나서기라도 하면 또다시 건축기준법이나 건축학자가 튀어나오게 됩니다. 법륭사의 고 니시오카 도편수(목수의 우두머리)가 약사사 서탑을 재건했을 때도 건축기준법 관계로 할 수없이 콘크리트를 사용하지 않으면 안 되었다고 들었습니다. 학자들과 큰 논쟁도 있었습니다. 니시오카 씨로서는 분하고 원통할 일이었을 것이라고 생각되지만 관청에 거슬려서는 건물을 세울 수가 없으니까 어쩔 수가 없었을 것입니다.

　동대사에는 칠중탑도 있었다는 말이 있습니다. 칠중탑은 아직 어디에도 없지만 그런 이야기를 들으면 왠지 로맨틱한 느낌이 듭니다. 높은 탑에의 로망스도 있고 또 목수로서의 로망스도 있습니다. 칠중탑을 지금 건립하라고 해도 건립이 잘 될지 아니 될지 저로서도 자신이 없습니다. 고대나 중세의 목수들이라면 훌륭한 것을 만들 수 있다고 생각합니다.

　단지 현존하고 있지 않는다는 것은 오중탑이 나무 조립만을 사용하는 건물의 한계라는 것을 말하고 있는지도 모릅니다. 그러나 더 높은 건물을 찾는 마음의 의지는 같은 목수로서 알만 합니다.

다보탑에 숨겨진 놀라운 지혜

저는 탑의 수리공사에도 몇 군데 참여하였는데 그 중에서도 호기심을 자아내었던 것이「다보탑」입니다. 다보탑은 상층(상중이라고도 합니다)의 탑신이 원통형이고 하층(하중이라고도 합니다)의 탑신이 사각형으로 되어있는 탑입니다.

다보탑을 만드는 것은 매우 어려운 일입니다. 오중탑이라는 것은 각층의 만드는 법이 거의 같아서 그렇게 어렵지 않습니다. 밑의 층부터 만들고 그 위에 조금 작게 만든 위의 층을 얹어 놓는 것만 하면 되는 것입니다.

그런데 다보탑은 상층이 원통형으로 되어 있어 그 부분이 어렵습니다. 예쁜 원통모양을 만드는 것이 상당한 수고가 따릅니다. 그 중에서도 상층의 서까래가 부채를 펼쳐놓은 듯이 방사선형 모양이 되는 것은 재미있는 것입니다. 이렇게 방사선형 모양으로 배치된 서까래를「부채서까래」라고 합니다. 가라요우(당나라 풍)의 다보탑 상층은 대부분 부채서까래로 되어 있습니다.

부채서까래로 서까래나「마스」,「히지키」등의「토키료우」를 잘 조화시키는 데는 거기에 맞는 지혜가 필요합니다. 나무를 조립하는 방법이 매우 복잡해서 상당히 어렵게 됩니다. 상층의 둥근 탑신으로부터 처마를 나오게 하려면「마스」나「히지키」가 여러 개 겹치게 됩니다. 그렇게 하지 않으면 처마를 내 놓을 수가 없게 되는데 그것들의 조합을 능란하게 조화시키는 것이 또한 어렵습니다.

건물의 중심에 집중되게 만드는 것이 좋을 듯싶지만 탑의 경우는 심주에 연결해서는 안 된다는 사정도 있습니다. 다보탑에서도 심주는 독립하는 것으로 되어있기 때문입니다. 서까래를 평행으로 배치하는 것은 그다지 어려운 일은 아니지만 부채서까래의 경우는 처마 끝으로 향할수록 방사선형 모양으로 넓어지도록 배치해야 하고 게다가 밑에서 올려다 볼 때 서까래의 단면 모양이 예쁘게 정렬되어 있어야 하는 것입니다. 부채서까래는 만들기가 상당히 힘들고 나무의 사용방법도 상당한 연구가 필요한 것입니다.

【궁궐목수가 가장 만들기 힘들다는 다보탑】

국보 정토사 다보탑(히로시마)   동관음사 다보탑(아이치)

정토사 다보탑은 처마 밑의 서까래가 평행이지만 동관음사 다보탑의 서까래는 상층과 하층이 모두 부채를 편 것처럼 탑 중심으로부터 밖을 향해서 방사 형태로 넓어지고 있다.

그러므로 대단한 솜씨가 아니면 좋은 다보탑을 만들 수 없는 것인데 과연 중세 목수들이 건립한 다보탑이 가장 뛰어나다고 생각합니다. 다보탑은 여기저기에 많이 있지만 가까운 시대에 만든 것은 그다지 뛰어난 것이 많지 않습니다. 그런대로 형태는 갖추고 있지만 조리에 맞지 않게 일을 하여 모양만 흉내 낸 것도 적지 않습니다. 요즘 시대에 부채서까래로 완벽하게 만들 수 있는 목수가 도대체 얼마나 있을까요? 그다지 많지 않을 것입니다.

저로서도 부채서까래로 다보탑을 건립하라고 한다면 망설여질 것입니다. 해보고 싶다는 기분은 태산 같지만 역시 고려해 보아야 합니다. 여하튼 굉장히 어려운 일이고 그것을 만든 경험도 없기 때문입니다. 저도 탑 일은 여러 군데 해 보았지만 대부분 순수한 가라요우(당나라 풍)의 경우이고 부채서까래로 된 다보탑을 신축하는 경험은 아직 없습니다.

오노미치의 정토사 다보탑의 수리공사는 지붕을 바꾸는 것만 했을 뿐이고 와카야마의 기삼정사 다보탑과 기후현의 일용봉사 다보탑의 수리공사에서는 전체 해체 수리공사도 해 보았지만 모두다 평행 서까래를 사용했던 다보탑입니다.

부채서까래로 만든 멋진 다보탑으로 아이치현의 동관음사 다보탑이 있습니다. 이것은 무로마치시대의 건물로 상층이나 하층이 모두 부채서까래를 사용하고 있는 매우 진귀한 것입니다.

어디서라도 다보탑을 볼 기회가 있으면 서까래가 어떻게 되어 있는지 주의해서 보시면 재미있을 것입니다. 만약 부채서까래로 되어 있다면 그 다보탑을 만든 목수는 솜씨가 좋다고 생각해도 틀림이 없습니다. 그 솜씨의 정도를 차분히 음미해 보시기 바랍니다.

또 능숙하게 균형을 맞춘다고 하는 의미에서 탑과 비슷한 것으로 「종루」가 있습니다. 그토록 무거운 종을 매달아 놓아야 하기 때문에 그만큼 튼튼하게 만들 것이라고 생각할지 모르나 실은 종루 자체는 그렇게 튼튼하게 만들지 않습니다. 무거운 종을 매달아서 안정되도록 처음부터 그 점을 고려해서 만드는 것입니다.

종이 없으면 좀 강한 바람이 불 때 넘어지지 않을까 할 정도의 종루도 많이 있습니다. 실제 전쟁 당시에 종을 공출당한 사찰에서는 종 대신에 큰 돌을 매달아 놓은 곳도 있습니다. 그렇게 하지 않으면 균형을 잃어서 쓰러질 위험이 있기 때문입니다.

종루 자체는 간단히 말하면 속이 텅 비어있습니다. 기둥이 있고 가로대가 있고 벽판이 붙어 있지만 현관이 있는 것도 아니고 큰 마루가 있는 것도 아닙니다. 그것을 만드는 방법은 우선 밑부분을 만들고 밑의 기둥보다도 약간 안쪽으로 들어간 위치에 윗 기둥을 설치하는 것이 보통입니다. 오중탑의 상층 기둥을 하층 기둥보다 약간 안쪽에 설치하는 것과 마찬가지입니다. 그러나 어느 것은 위에서 아래까지 기둥을 통하게 하는 것도 있습니다. 제가 수리공사의 도편수를 했던 효고현 아마가사키의 본홍사 종루에는 상층과 하층을 관통하는 하나의 기둥을 사용해서 기둥 밑쪽을 바깥쪽으로 벌어지게 해서 안정이 잘 유지되게 하고 있습니다.

그러나 똑바른 나무에 힘을 가해서 구부린 것은 아닙니다. 두꺼운 목재로부터 구부러지게 잘라내는 것입니다. 이렇게 하는 것은 일손이 많이 가고 쓸데없이 버리는 부분도 많기 때문에 요즘 같으면 그렇게 하지 않겠지만 옛 목수들은 일손이 많이 가더라도 그런 방법이 옳다고 생각하면 그대로 했던 것입니다. 또 일손이 많이 가는 것을 싫어하지 않는 것이야말로 나무의 성질을 살리면서 여러 가지 것을 가능하게 하는 것입니다.

종루 그 자체는 대단한 건물은 아닙니다. 특별히 고도의 기술이 필요한 것도 아닙니다. 그러나 무거운 종을 매달아 놓지 않으면 안 된다고 하는 특징이 있습니다. 거기에서 건물을 튼튼하게 만든다는 것이 아니라 종 자체의 무게를 살려서 만드는 지혜가 있는 것입니다. 단순한 구조의 종루에도 그런 지혜가 녹아 들어가 있는 것입니다. 이런 것이 사물을 분별하는 감수성일지도 모르겠습니다. 나무를 살리는 센스입니다. 건물이라는 것은 어떤 식의 것이 되어야 한다고 하는 센스 말입니다. 중세 목수들은 그러한 의미에서 센스가 훌륭했습니다. 탑과 종루에서도 그들의 센스가 빛을 발하고 있습니다.

「와쿠기(일본 못)」는
다시 제련해서 칼을 만든다.

저는 목수이므로 이 책에서도 목수 이야기가 중심이 되고 있습니다. 그러나 목수만 있다고 해서 건물이 세워지는 것은 아닙니다. 여러 가지의 직공이 없으면 건축은 이루어 질 수 없습니다. 특히 옛 건축의 세계는 더욱 그렇습니다.

예를 들면「히와다부키」(히노키 노송나무 껍질로 지붕을 이는 일) 라는 지붕이 있습니다. 히와다 라고 하는 것은 문자 그대로 히노키 나무의 껍질입니다. 히노키의 서있는 나무로부터 껍질을 베어 지붕을 이는 것인데 히노키의 껍질을 베어서 히와다를 만드는 데는 특별한 기술이 필요합니다. 또 히와다로 지붕을 이을 때는 대나무 못을 사용합니다. 대나무를 쪼개서 만든 못입니다.

히와다나 대나무 못의 기술을 요즘은 전수하는 사람이 그리 많지 않은데 특히 대나무 못의 경우는 더욱 적어서 대나무 못을 만드는 곳은 전국에서 한곳 밖에 남아있지 않습니다. 대나무 못이라는 것이 문화재 정도의 재료로 밖에 사용되지 않으니까 수요가 없는 탓도 있습니다.

대나무 못의 모양은 이쑤시개와 비슷합니다. 그러면 이쑤시개처럼 기계로 만들면 되겠다고 생각할 수 있으나 실은 기계로 만든 대나무 못은 못씁니다. 기계로 만들면 형태가 가지런하여 박아도 곧 빠져나오기 쉽습니다. 그러나 사람의 손으로 대를 쪼개서 만들면 딱 맞는 상태로 불규칙한 못이 만들어지므로 쉽게 빠지지 않습니다.

벽과 미닫이문에 관해서도 똑같은 식으로 말할 수 있습니다. 벽을 바른다거나 미닫이문과 장지문을 다는 것은 목수로서는 잘 할 수 없습니다. 벽은 벽대로, 미닫이문은 미닫이문대로 역시 전문 직공이 필요한 것입니다.

쇠로 만드는 못도 옛날 못이 더 좋기 때문에 이것도 만들어 주는 직공이 필요합니다. 못은 철물점에 가면 얼마든지 있지만 요즘의 못을 사용하지 않습니다. 요즘의 못은 못을 사용한 당초의 강도에 있어서는 상관이 없지만 유감스럽게도 오래가지 않습니다. 오래간다 해도 겨우 50년 정도 밖에 안갑니다. 백년을 간다고 하는 예가 없습니다. 그 전에 벌써 녹이 슬어버리고 맙니다.

그러나 옛날 못은 오백년이나 천년도 갑니다. 그 실례가 많이 있습니다. 그것이 「와쿠기(일본 못)」라고 하는 못입니다. 그래서 문화재에는 아무래도 와쿠기가 필요한 것입니다. 와쿠기는 풀무에 숯을 피워 녹인 쇠를 여러 번 두들겨서 만든 못입니다. 대의 모양은 각을 내서 각정(角釘)이라고도 합니다. 이런 와쿠기의 철에 함유되어있는 불순물은 요즘의 못보다도 더 많습니다. 그러나 와쿠기의 내구성은 요즘의 못보다 훨씬 뛰어납니다. 눈으로만 보면 양쪽 다 똑같은 철인데 상당히 다른 면이 있는 것입니다.

특히 좋은 것은 중세까지의 못입니다. 가마쿠라 무로마치시대의 못은 뺀 것을 다시 사용할 수 있습니다. 녹도 거의 슬지 않고 깨끗합니다. 그러나 그 후 시대의 것은 재사용이 안 됩니다. 에도시대 이후는 특히 좋지 않습니다. 굽거나 두드리는 방법도 좋지 않습니다. 에도시대 이후의 못은 전혀 재사용할 수가 없습니다.

게다가 메이지시대가 되면 해외로부터 근대적인 용광로에서 녹인 철이 들어오고 그 철로 만든 못이 나오면서 에도시대의 못에 바퀴를 달듯이 빠른 속도로 나빠집니다. 이것이 서양못이라는 것입니다. 일본 제철소에서 만든 못도 마찬가지입니다. 게다가 메이지시대가 끝날 즈음에는 대의 형태도 유럽풍으로 홀러 둥글게 되어 이른바 둥근 못이 되어 버립니다.

둥근 못은 박으면 곧 녹이 슬어서 부풀어오르고 맙니다. 빼내기도 어렵고 빼낸 것을 다시 사용한다는 것은 불가능합니다. 와쿠기는 간단히 빼낼 수 있고 녹도 그다지 슬지 않기 때문에 다시 사용할 수 있습니다. 와쿠기는 일본도(日本刀)를 만드는 사람들도 갖고 싶어합니다. 철이라면 얼마든지 입수할 수 있지만 일본도를 만드는 데는 용광로에서 녹인 철보다도 옛날에 두들겨 만든 철이 더 좋다고 합니다. 철의 끈기가 완전히 다르다고 합니다. 특히 가마쿠라 무로마치시대나 그 이전의 철이 좋다고 합니다. 그 때의 못을 구부리고 다시 펴고 녹여서 제련하면 훌륭한 칼이 된다고 합니다.

와쿠기는 지금도 만들고 있는 곳이 있습니다. 문화재 수리에 사용하기 위해서입니다. 그래도 가격은 꽤 비쌉니다. 못 하나에 몇 백 엔씩 합니다. 그래서 문화재 수리라고 해도 모두 와쿠기를 사용한다고 할 수는 없습니다. 돋보이는 곳만 와쿠기를 사용하는 것이 보통입니다. 이 와쿠기를 만드는 기술을 가진 사람도 많지 않습니다.

직공은 손으로 일을 기억하고 있다고들 말합니다. 철의 성분이 좋아서 와쿠기를 쓰는 것이 아닙니다. 철의 성분만 따진다면 지금의 철로 만든 것을 쓰는 것이 더 좋을 것입니다. 지금은 컴퓨터로 정확하게 계산해서 철을 녹이고 있습니다. 어느 쪽이 순수한 철에 가까운가 하면 와쿠기는 서양못을 따라가지 못합니다. 그러나 이유는 잘 모르지만 사람의 손으로 두드린 와쿠기가 훨씬 더 좋다는 것입니다.

손으로 기억된 기술은 어딘가 모르게 다릅니다. 전동공구인 철봉으로 쳐서 박은 못과 사람의 손으로 쳐서 박은 못도 다릅니다. 철봉으로 쳐서 박은 못은 빠지기 쉽습니다. 옛날의 귤 상자는 나무판으로 만들었는데 그것도 곧 못이 헐거워져 덜렁덜렁 하기 쉬웠습니다.

귤 상자 같은 것을 만드는 데는 노력이나 시간이 걸리는 것이 아니므로 큰 쇠망치로 쿵쿵 못을 박았습니다. 그래서 옛날 귤 상자는 못이 헐거워지기 쉬웠던 것입니다. 전동공구도 같은 이치입니다. 기계에 맡겨서 못을 쿵쿵 박아가면 못이 헐거워지기 쉽게 됩니다. 그러나 사람의 손으로 천천히 확실하게 박은 못은 헐거워지지 않습니다.

사람 손으로 하는 일에는 불가사의한 힘이 있는 것입니다. 중세 목수들의 일의 발자취를 보고 있노라면 그것을 잘 알게 됩니다.

중세건축의 우수함을
보여주는 해주산사 오중탑

목수라면 「키쿠쥬츠(規矩術)」(컴퍼스와 곱자 기술) 쯤은 다 알고 있습니다. 그러나 우리들이 알고 있는 키쿠쥬츠와 중세의 키쿠쥬츠는 근본적으로 무언가 다른 점이 있는 것 같습니다. 제가 그렇게 생각하기 시작한 것은 해주산사 오중탑 수리공사가 계기가 되었습니다.

이 사찰은 쿄토와 나라 사이의 쿄토군 카모쵸우에 있습니다. 나라시대에는 수도의 궁이 있었다는 유서 깊은 곳으로 정유리사와 암선사도 근처에 있습니다. 정유리사는 정토정원으로도 잘 알려진 사찰입니다.

해주산사의 오중탑이 건립된 것은 가마쿠라시대인 1214년으로 오중탑으로서는 법륭사, 실생사, 제호사에 이어 네 번째로 오래된 것입니다. 수리공사는 1961년경에 이루어졌습니다. 제가 궁궐목수로서 활동하기 시작한 것이 1950년 기삼정사의 수리공사 이었으니까 궁궐목수가 되고서 딱 10년 정도 되는 때였습니다. 32살 때의 일이었습니다.

그때까지 저는 건물이라는 것은 수평과 수직이 기본이라고 생각하고 있었습니다. 아니 그렇게 생각하고 있었다기보다도 그것밖에 다른 것을 생각하지 못했다고 하는 편이 낳을 것입니다. 수평과 수직이 기본이라고 하는 생각 자체는 틀린 것이 아니기 때문입니다.

그런데 해주산사 오중탑을 대하고서 수평과 수직에 얽매어 있다가는 중세의 키쿠쥬츠를 이해할 수 없지는 않을까 하고 생각하게 된 것입니다. 중세의 키쿠쥬츠도 수평과 수직을 기본으로 하고는 있지만 중세의 목수들은 그 가운데 갇혀있지 않고 더 자유로운 발상으로 일을 했던 것은 아닐까 하는 생각이 문득 떠올랐던 것입니다.

그렇게 생각한 계기가 된 것은 「히지키」(지붕을 떠받치는 팔꿈치처럼 생긴 작은 나무)였습니다. 히지키는 건물의 구조를 떠받치는 중요한 역할을 하고 있습니다. 그것이 기울어지면 건물이 비틀어지게 됩니다. 그런 생각에서 해주산사 오중탑의 히지키는 아무리 생각해도 지면과 수평이 되지 않고 끝 쪽 즉 건물 밖으로 나온 부분이 조금 기울어지게 만들어졌다고 밖에 생각할 수 없었던 것입니다. 즉 히지키가 중간에 굽게 만들어졌다고 하는 것입니다.

오랫동안 하중을 받고 있어서 밑으로 기울어졌다고 할 수도 있겠으나 이 히지키를 수평이 되게 바로잡으면 다른 부분이 들어맞지 않게 되어 버립니다. 만약 하중으로 내려갔다고 치고 원래는 수평이었다면 수평을 바로잡으면 다른 부분이 딱 들어맞아야 할 것입니다. 그런데 그렇지가 않은 것이었습니다. 거기에서 이것은 수평, 수직이 기본이라고 하는 생각만으로는 이해할 수 없다는 생각을 하게 된 것입니다. 그때부터 제가 중세 키쿠쥬츠의 마력과 멋에 눈을 돌리게 된 것입니다. 일부러 히지키를 중간에 밑으로 기울게 만든 이유는 수려한 휜 처마를 나타내기 위한 지혜였다고 생각합니다.

문화재 수리공사에는 건축기술의 전문가가 동원되어 여러 가지로 조사를 하지만 그들도 처음에는 하중 때문이라는 잘못된 의견을 말했습니다. 그러나 수평을 바로잡아도 다른 부분이 아무리해도 잘 맞지 않으니까 제 견해에 나중에야 납득을 했습니다.

【중세건축의 수려함을 가르쳐주는 국보 해주산사 오중탑(쿄토)】

그때 논란이 되었던 것은 히지키라는 것은 하중으로 내려앉을 수도 있으니까 그대로 놔두어도 내려앉을 것을 왜 처음부터 밑으로 기울이게 했는가 하는 것이었습니다. 다분히 그런 말도 성립될 수 있습니다. 그런 구실에서 출발하여 하중으로 내려앉은 것이라면 처음부터 그것을 예상하고 약간 올려서 만들어야 하지 않는가 하는 논리가 됩니다. 그런 구실로 억지 주장을 펴면 저도 더 이상 말을 못하게 되고 맙니다. 그러나 처음부터 밑으로 기울게 했다고 생각하지 않으면 다른 부분이 맞지 않는다는 것이 결정적인 근거가 됩니다.
　해주산사 수리공사가 전부 끝나고 집에 돌아와서 아버지에게도 히지키 이야기를 했습니다. 「에도시대의 키쿠쥬츠와 중세의 키쿠쥬츠는 다른 것 같습니다.」라고 말씀 드렸으나 아버지도 이해해 주시지 않았습니다. 「에도시대의 키쿠쥬츠도 중세의 키쿠쥬츠와 그렇게 많은 차이가 있는 것은 아니다. 너무 잘난 척 하지마라.」라는 것이 아버지의 대답이셨습니다. 이해되지 않았던 것입니다. 옛 직공들은 고집이 센 사람이 많았습니다.
　그러나 중세건축의 수리 공사를 하고 있거나 마친 후에도 에도의 컴퍼스로는 앞뒤가 맞지 않는 경우가 종종 나왔습니다. 그때마다 중세의 키쿠쥬츠를 다시 연구하지 않으면 안 된다는 것을 통감했습니다. 연구라고는 하지만 저는 학자가 아니니까 어디까지나 목수의 입장에서 하는 연구입니다. 목수에게는 목수로서 견해가 있는 것이고 실제로 건물을 만들어 가는 사람이 아니고서는 알지 못하는 것도 있기 마련이니까요.
　중세의 키쿠쥬츠를 잘 몰랐기 때문에 수리공사에서 오히려 건물이 더 악화된 예도 있는 것입니다. 특히 심하게 망가진 것은 에도시대 이후입니다. 중세의 건축물이 에도시대부터 메이지시대에 걸쳐서 많이 수리하였는데 그것을 수리한 사람들은 공교롭게도 에도의 키쿠쥬츠 밖에 알지 못했습니다. 그래서 자기들로서는 이해할 수 없는 부분이 나오면 그것은 잘못 만들어졌다고 하거나 나무가 잘못 되었다고 하여 마음대로 판단해서 고쳐버린 경우가 자주 있었습니다.

악의는 아니었지만 중세의 키쿠쥬츠를 전혀 모르는 상태에서 고쳐버리는 것은 잘못된 것입니다. 나라의 사루사와 연못 근처에 있는 흥복사 삼중탑(오중탑이 더 유명합니다)이 그 좋은 예가 됩니다. 메이지시대에 수리한 것인데 그 당시 네 구석의 기둥이 다른 기둥보다 높게 되어있는 것을 보고 이 기둥이 이상하다고 해서 다른 기둥과 똑같은 높이로 잘라내 버렸습니다. 정말로 말도 안 되는 일을 해버린 것입니다. 구석의 기둥이 높은 것은 틀린 것도 빗나간 것도 아닙니다. 처음부터 그렇게 만들어진 것입니다. 휜 처마를 예쁘게 내밀어 놓기 위해서 구석의 기둥을 일부러 조금 높게 한 것입니다.

그런데 그것을 모르고 잘라내 버렸던 것입니다. 그 결과 휜 처마의 선이 수리하기 전과 다르게 되어버렸던 것입니다. 그 차이라고 하는 것은 상당히 미묘한 것일지는 모릅니다. 초보자는 수리 전과 수리 후를 비교해 봐도 틀린 점을 알지 못할 수도 있습니다. 그러나 옛 목수들은 그런 미묘한 차이에서 생겨나는 미의식을 가지고 있었던 것입니다. 미세한 부분까지 혼을 불어넣었다고 생각합니다.

구석의 기둥을 높게 한 것에 맞춰서 다른 부분도 만들었을 것이므로 메이지시대에 수리한 목수들은 앞뒤를 맞추는데 상당히 고생했을 것입니다. 참으로 쓸데없이 고생만 한 것이고 사물의 이치를 모른다는 것이 그만큼 무서운 것입니다. 모르면 모르는 만큼 더욱 겸손해야하고 왜 그렇게 되는 것인지 곰곰이 생각해야 할 것입니다.

하중으로 내려앉았는지. 나쁜 나무를 사용했는지, 아니면 처음부터 그렇게 만들었는지 그것을 판단하는 것은 어려운 면도 있는 것이 사실입니다. 그래서 메이지시대의 목수들이 나쁘다고만 말할 수는 없습니다. 실제로 하중으로 내려앉는 경우도 있고 나무를 나쁜 것을 쓴 것도 있기 때문입니다.

판단을 틀리지 않게 하기 위해서는 역시 경험이 필요합니다. 중세 목수들이 한 일을 많이 보고 여러 가지 것을 공부해 나가지 않으면 안 됩니다. 목수에게 있어서는 실제의 건축물이 가장 좋은 교과서입니다. 그 교과서를 얼마나 많이 공부하고 있느냐에 차이가 생기는 것입니다.

왜 일부러 균형을 깨뜨리는가.

해 주산사 오중탑의 히지키가 밑으로 기울어진 것의 이유를 알아차렸다고 말했지만 정말로 처음부터 기울여지게 만들었는지 여부는 사실은 저도 아직 반신반의한 상태였습니다. 그 이전의 수리공사에서도 히지키가 기울어진 것이 있었는지는 모르겠으나 해주산사 오중탑에서 처음으로 그렇게 생각했기 때문에 확실하게 자신을 갖지 못했습니다. 만에 하나 해주산사 오중탑 만 그런 것이 아닌지도 모른다는 생각도 들었기 때문입니다.

그러나 이런 것이 여러 군데 있으면 중세의 목수들은 히지키를 밑으로 기울게 하는 방법도 사용했다는 것을 확신할 수 있게 됩니다.

해주산사 수리 공사를 한 후 4년 정도 지나서 이번에는 히로시마 현 오노미치의 서국사 본당 수리 공사를 시작했습니다. 한참 후에 수리 공사를 한 정토사 본당처럼 오노미치에 있는 사찰입니다. 이 사찰에서도 히지키를 밑으로 기울어지게 만들었다고 밖에 생각할 수 없는 점을 발견했습니다. 히지키를 밑으로 기울어지게 하는 키쿠쥬츠가 두 군데나 세 군데서 나온다면 더 이상 우연히 그렇게 되었다고는 말할 수 없을 것입니다.

히지키와 똑같은 예로는 마룻대 이야기도 있습니다. 가장 높은 마룻대가 위에 놓여있는 기둥을 「모야바시라」라고 하는데 건물 중심에 놓은 것이 보통입니다. 옆으로 흐르는 듯한 변형된 지붕인 경우는 별개지만 보통 건물에서 마룻대가 중심에 놓여있지 않으면 건물을 옆에서 볼 때 아무래도 균형이 잘 맞지 않게 됩니다. 구조적으로도 균형이 맞지 않아 문제가 됩니다.

그런데 오노미치의 정토사 본당 마룻대는 6촌(약 18센티)정도 중심 위치에서 벗어나 있습니다. 전체적으로 보면 불과 얼마 안 되는 벗어남이므로 금방 알 수 있는 벗어남은 아닙니다. 기와를 바꿔 덮는 일을 했던 사람들은 어쩌면 알았을지도 모르겠지만 여하간 중심에서 벗어나 있습니다.

마룻대는 중요한 것이므로 실수로 벗어나게 했다고 하는 것은 있을 수 없는 일입니다. 이것은 일부러 그렇게 한 것임에 틀림없습니다. 마룻대가 벗어나 있으면 다른 곳도 거기에 맞춰서 만들지 않으면 안 됩니다. 귀찮은 일이 점점 더 생기는 것입니다. 정토사 본당의 마룻대는 의식적으로 벗어나게 만들었다고 밖에 생각할 수 없습니다. 그럼 왜 그렇게 한 것일까요? 그 이유는 지금도 미지수입니다. 그러나 저의 추리로는 향배와 관계가 있다고 생각됩니다. 향배라는 것은 건물 정면의 계단 부분을 위에서 덮고 있는 서까래를 말하는데 거기만 건물이 조금 튀어나온 것 같은 모양을 하고 있습니다. 지붕은 마룻대로부터 향배의 처마 끝까지 일정한 차이로 내려오면서 이어져 있습니다. 그렇다면 어떻게 해야 하겠습니까? 향배가 튀어나온 부분만큼 그 앞 지붕은 더 커지게 됩니다. 그래서 지붕이 넓어지는 만큼 앞쪽 지붕의 경사가 완만하게 되고 간격이 넓게 보이게 됩니다. 그것을 피해서 더 아름답게 보이기 위해서 마룻대를 중심의 위치로부터 향배 방향으로 조금 벗어나게 설치했다고 하는 것이 저의 추리입니다.

누구든지 알 수 있도록 크게 벗어나게 하지는 않습니다. 그러나 불과 얼마 안 되는 벗어남을 이용하면 눈에 착각을 일으켜 앞에서 보나 뒤에서 보더라도 실로 균형이 잘 맞춰져 있는 듯이 보입니다. 그런 효과를 노린 것이라고 생각합니다. 이런 곳까지 미치는 지혜야말로 정토사 본당의 단정한 자태를 돋보이게 하는 것입니다.

눈의 착각을 고려하여 만드는 기법은 옛날부터 있었습니다. 정토사 본당처럼 지붕을 아름답게 보이기 위해서 마룻대를 중심 위치에서 벗어나게 하는 대규모적인 예는 그렇게 많지 않다고 생각되지만 일부러 균형을 깨뜨려서 만들면서 균형이 맞게 보이도록 하는 지혜는 여러 가지가 있습니다. 이것도 일본 목수들에 있어서는 섬세함의 표현이라고 생각합니다.

예를 들면 천정을 「마쿠루(걸어 올린다) 한다.」라는 것이 있습니다. 천정은 항상 평평하게 만드는 것이라고 생각하지만 그렇게 해서는 밑으로 늘어지는 듯이 보입니다. 그래서 천정을 위로 향해서 조금 완만한 곡선이 되게 만드는 것입니다. 그것을 「마쿠루」라고 말하는데 그렇게 하면 밑에서 위를 쳐다볼 때 수평인 것처럼 보이는 것입니다. 이것도 눈의 착각을 이용한 것 중의 하나입니다. 들보가 위쪽으로 완만한 곡선을 하고 있는 것도 똑바르면 밑으로 늘어지는 듯이 보이게 되는 것을 막는 하나의 이유라고 생각합니다.

특히 중세의 목수들은 이러한 것에 대단히 섬세했습니다. 온 사방을 다 계산해서 정확하게 그대로 만든다고 해서 반드시 마음을 안정시켜 주는 건물을 만들 수 있다고는 할 수 없습니다. 오히려 미묘하게 균형을 깨뜨리는 편이 아름다움과 안정감을 주는 것도 있습니다. 사람들의 눈이나 의식의 그런 불가사의한 면을 알고 있었다고 해야 할 것입니다.

「히요쿠이리모야즈쿠리」의 유일한 결점

문화재 수리공사에서는 될 수 있는 한 창건 당시의 모습으로 되돌리는 것을 목표로 하고 있습니다. 재료 하나를 선택하는 것도 사용 가능한 것은 수리해서 되도록 같은 재료를 사용합니다. 그러나 실제로는 창건 당시 모습 그대로 남게 되는 예는 거의 없습니다. 몇 번씩이나 수리를 거쳤기 때문에 창건 당시와 비교하면 많거나 적거나 그 모습이 변해있는 것이 대부분입니다.

그런데 해체해 가면서 느끼는 즐거움은 이렇게 변해가는 과정을 보는 것에도 있습니다. 옛 건축물이므로 어느 시대에 어떻게 수리가 이루어졌는지 확실한 기록이 남아있지 않는 경우도 있습니다. 그것을 해체해 가는 것에 의해서 하나씩 하나씩 언제 어떤 수리가 이루어졌는지를 밝혀나갈 수가 있습니다.

그 결과 점점 창건 당시의 모습을 밝혀나갈 수가 있게 됩니다. 그래서 문화재 수리에서는 전체 해체를 해서 주춧돌 밑의 지반까지 조사하는 일에서 가장 큰 즐거움을 느끼는 것입니다.

나중 시대의 수리에 의해서 창건 당시의 장점을 잃어버리게 되는 면도 있지만 반대로 창건당시의 약점을 잘 보충한다는 면도 있는 것입니다. 저도 수리 전문 목수이므로 옛 목수에 지지 않도록 덧붙여 말하면 창건 당시 목수가 화내지 않도록 성실한 수리를 해야 한다는 것을 항상 염두 하면서 일을 하고 있습니다.

이런 해체 조사 결과 해체 전과 비교해서 지붕의 형태를 완전히 바꿔버린 것이 치바현 이치가와의 법화경사 조사당 수리 공사였습니다. 법화경사는 에도시대 초기에 건립된 것으로 수리 전까지 남아있던 건물은 통상 「이리모야즈쿠리」(역자 주 : 지붕 모양의 한 가지 건축방식)라고 불리는 지붕을 하고 있었습니다.

그런데 해체 조사 결과 창건 당시는 「히요쿠이리모야즈쿠리」(역자 주 : 두 마리의 새가 날아가는 모양의 지붕 건축방식)의 지붕을 가지고 있었다고 추정되어 수리공사에서는 「히요쿠이리모야즈쿠리」의 지붕으로 복원한 것입니다.

「히요쿠이리모야즈쿠리」라고 하는 것은 이리모야 두 개를 가지고 있는 형태의 지붕으로 상당히 진기한 것입니다. 흡사 두 개의 날개처럼 보이기 때문에 「히요쿠(比翼)」라는 아름다운 이름이 붙었습니다. 오카야마에 있는 키비츠 신사도 히요쿠이리모야즈쿠리 방식이지만 법화경사의 것이 훨씬 더 규모가 큽니다. 그렇게 큰 것은 다른 곳에는 없습니다. 그렇게 큰 것은 법화경사의 것뿐일 것입니다.

【수복공사로서 이토록 방대한 양식변경은 거의 없었다.】

수리전의 법화경사 조사당(치바)

수리후의 법화경사 조사당

수리 전에는 보통의 이리모야즈쿠리의 지붕이었는데 개수공사로 이리모야가 두개인 히요쿠이리모야즈쿠리의 지붕으로 교체되었다.

    그러나 그렇게 되면 일부러 히요쿠이리모야즈쿠리로 만든 것을 도중에 왜 보통의 이리모야즈쿠리로 바꾸게 되었는가 하는 의문이 나오게 됩니다. 해체 조사에서는 에도시대 초기에 히요쿠이리모야즈쿠리로 창건되었는데 백년 후에 보통의 이리모야즈쿠리로 재건한 것으로 밝혀졌습니다. 비가 새는 것이 너무 심해서 중요한 부분이 썩었기 때문이라고 합니다. 히요쿠이리모야즈쿠리에서는 두 개의 지붕 사이에 아무래도 빗물이 고이게 된다는 결점이 남아있습니다. 그래서 보통의 이리모야즈쿠리로 고쳤다고 하는 것입니다.
    그렇지만 목수라는 입장에서 저의 의견을 말하자면 실제로는 히요쿠이리모야즈쿠리로는 건물을 완성하지 않았을 것이라고 생각합니다. 도중까지는 히요쿠이리모야즈쿠리로 짓다가 잘 되지 않으니까 중간에 보통의 이리모야즈쿠리로 바꾸지 않았을까 생각됩니다. 히요쿠이리모야즈쿠리는 결국 완성하기도 전에 중단해 버리고 이리모야즈쿠리로 변경한 것이라고 생각합니다.

왜 그렇게 생각하게 되었느냐 하면 빗물이 샌 흔적이 없습니다. 그처럼 대규모로 히요쿠이리모야즈쿠리가 이루어졌다면 반드시 빗물이 새는 문제가 생겼을 텐데 그런 흔적이 발견되지 않은 이상 도중에 바꾸지 않았을까 하는 목수로서의 직감입니다.

그래도 결국 처음에 히요쿠이리모야즈쿠리로 창건되었다는 것으로 결론이 나서 해체 후 그처럼 복원하게 되었습니다. 그러면 실제로 완성되었든지 완성되지 않았든지 간에 에도시대에는 극복할 수 없었던 비가 샌다는 결점은 이번 재건 때에는 어떻게 방지할 수 있었느냐 하면 부재료를 보강해서 스테인리스로 만든 강판을 사용한 것입니다. 스테인리스이므로 철보다 녹이 덜 슬게 됩니다.

그러나 강판을 사용하지 않으면 안 되는 결점이라고 해서 당시의 목수들은 히요쿠이리모야즈쿠리를 채택하지 않았던 것일까요? 에도시대 초기에 강판과 같은 부재료를 사용해서 보강했다는 것은 아무래도 생각하기 어렵습니다.

에도시대의 목수들은 히요쿠이리모야즈쿠리를 목표로 했지만 도중에 그것은 무리라는 것을 알아차린 것은 아닐까요? 설령 실제로 완성했다고 하더라도 강판을 사용하지 않으면 극복할 수 없는 결점이 있는데도 불구하고 대규모 히요쿠이리모야즈쿠리로 재건한다는 것은 저로서는 아직 의문이 남아있게 됩니다.

이것은 철과 나무의 궁합을 어떻게 볼 것인가 하는 사고방식 차이인 것입니다. 저 같은 궁궐목수는 철과 나무의 궁합은 잘 맞지 않는다고 생각하고 있습니다. 나무는 살아있는 생물이고 호흡을 하면서 신축성이 있는데 반하여 철은 그렇지 않습니다. 더군다나 세월이 흐르면 철은 녹이 슬게 됩니다. 궁합이 좋을 리가 없다고 생각하지만 학자들은 그런 것을 생각하지 않습니다.

어느 쪽이 맞는 것인지는 지금은 단언하기 어렵습니다. 학자는 학자로서의 근거를 가지고 있고, 목수는 목수로서의 관점에서 각각의 것을 말하고 있기 때문입니다. 그런 의미에서는 학자와 목수도 철과 나무처럼 궁합이 잘 맞지 않는다고 말할 수 있을지도 모르겠습니다. 철과 나무를 함께 조합하는 것이 바른 것인지 틀린 것인지는 어차피 역사가 증명해 줄 것입니다.

제가 도편수를 맡았던 히요쿠이리모야즈쿠리의 조사당이 백년이나 이백년씩 아무 이상 없이 지탱해 주기를 기원하지만 그 때까지 보증할 수 없다는 것이 솔직한 저의 심정입니다.

「아름답게 보여준다.」고 하는 끊어늘 탐구심

후쿠이현 와카사의 신궁사라는 사찰에서도 눈의 착각을 이용한 지혜를 볼 수 있습니다. 동대사에 있는 약수터의 물이 여기서부터 발원한다고 합니다. 제가 법륭사의 목욕탕과 산문(사찰의 문)의 수리공사에 참가했을 즈음에 공부도 할 겸해서 아는 사람과 함께 신궁사를 구경하러 갔습니다. 그리고 주지에게 이야기를 걸어 보았더니 이런 말씀을 하셨습니다.

「신궁사를 건축한 도편수는 정말 훌륭한 목수장이었습니다. 이 사찰은 뒤편에 산이 있어서 보통 짓는 식으로 똑바로 건축하면 오히려 기울어진 것처럼 보이기 때문에 그 점을 생각해서 처음부터 건물을 약간 기울어지게 지었던 것입니다.」

기울어지게 지었다고 하는 것은 조금은 과장된 표현입니다. 뒤편에 산이 보이는 사찰을 상상해 보십시오. 사찰의 좌우 양쪽은 산과 수직으로 보이게 됩니다. 그 좌우 측면의 「엔즈카」가 산에 가까워짐에 따라서 조금씩 짧아지고 있습니다. 「엔즈카」라는 것은 모서리를 받쳐주고 있는 짧은 기둥을 말합니다.

보통 「엔즈카」는 같은 길이로 배치하는 것이지만 어째서 이렇게 했던 것일까요? 거기에는 보는 사람들에게 건물의 앞쪽에서 안까지의 거리를 느끼도록 하기 위한 것입니다.

이 사찰을 좌측 45도 각도에서 보고 있다고 상상해 주십시오. 건물의 정면과 좌측면의 「엔즈카」가 보이고 그 배후에는 산이 보이게 됩니다. 배후에 산이 있으면 건물의 안까지의 거리를 그다지 느끼지 못하게 됩니다. 그런데 측면의「엔즈카」가 산에 가까워짐에 따라서 조금씩 짧아진다면 배후에 산이 있어도 건물의 안까지의 거리를 느낄 수가 있게 됩니다. 마치 선로를 멀리까지 보면 끝 부분이 좁아 보이는 것과 동일한 원리를 이용한 것입니다.

반대로 이렇게「엔즈카」가 서서히 짧아지지 않는다고 하면 사람의 눈은 건물이 약간 기울어지지 않았나 하는 착각을 일으키게 됩니다. 눈의 착각을 사전에 이해하고 오히려 그 눈의 착각을 이용해서 건물의 안쪽까지의 거리를 느끼도록 하는 지혜가 있었던 것입니다.

【자세한 부분까지 옛 목수들의 지혜가 다다르고 있다.】

신궁사 본당(후쿠이)

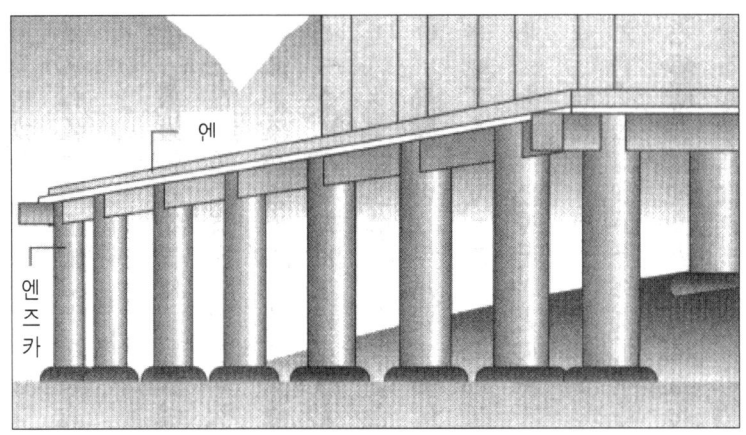

엔즈카가 배후에 있는 산에 가까워짐에 따라 조금씩 짧아지고 있다.

　건물에는 수평과 수직만 있는 것이 아닙니다. 기울어지게도 하고, 좌우로 치수를 약간씩 틀리게도 해보는 등 여러 가지 만드는 방법이 있는 것입니다. 그것이 중세의 키쿠쥬츠의 근본이 되는 사고라고 생각합니다. 또 그렇게 하는 것이 문화로서는 더욱 풍성하게 하는 것이 아닌가 하는 생각이 듭니다. 기울어진 것도 있고 좌우의 균형이 맞지 않은 것도 있습니다. 그런 것이야말로 인간의 문화라고 할 수 있습니다. 모든 것을 자유롭게 하는 것도 곤란하지만 기울어진 것이 있으니까 수평과 수직도 있는 것이고, 불균형이 있으니까 단정하고 똑바른 것도 있다는 것이 사물의 진정한 이치가 아니겠습니까?

　「엔즈카」에 이어서 그 위에 있는 「엔가와」(골마루)에 대한 이야기를 하면, 요즘의 건물에서는 「엔가와」는 건물의 바깥쪽을 향하게 해서 밑쪽으로 완만한 경사가 지도록 하는 것이 상식으로 되어 있습니다. 비바람이 불어올 때 자연스럽게 빗물이 외부로 흐르도록 하기 위한 것입니다. 이것을 「미즈타레」(물받이)라고 부릅니다.

「미즈타레」는 에도시대 이후에 당연한 것처럼 되었지만 중세 이전에는 반드시 그렇지만은 않았다고 하는 것이 저의 견해입니다. 왜냐하면 밑으로 기울이는 의미가 거의 없기 때문입니다.

사찰 건축에서는 엔가와에 「코우란」이 붙어있는 경우가 많습니다. 「코우란」이라는 것은 요컨대 손잡이 난간을 말하는 것인데, 「코우란」이 붙어있으면 엔가와를 경사지게 해도 결국은 끝부분에 물이 고이게 됩니다. 또 큰 처마가 있기 때문에 웬만한 비에는 물이 고이는 경우가 거의 없습니다.

오노미치의 정토사 본당의 엔가와도 경사는 져 있습니다. 그런데 그것은 에도시대에 수리했던 부분으로 창건 당시 있던 그대로의 엔가와는 지면과 수평을 이루고 있습니다.

에도시대의 키쿠쥬츠에 규정되어 있는 대로 한다면 엔가와는 경사지게 해야 하는 것이고 전문가에게 물어봐도 지금은 그렇게 하는 것이 상식으로 되어 있습니다. 그러나 실제 건물을 수리해 보면 아무래도 그렇게 하는 것이 좀 어색합니다. 특히 「코우란」이 있는 경우라면 경사를 만들게 되면 여러 가지 면에서 일이 힘들어 지게 되는 것입니다.

그래서 중세 목수들은 엔가와를 똑바로 했던 것입니다. 저는 그렇게 생각하고 있습니다. 이것도 어느 것이 맞는지 확실히 해 두어야 할 것입니다.

중세 목수들의 발상은 규격품이 넘쳐나는 가운데 생활하고 있는 우리들과는 다른 것입니다. 창호 문에서 쓰는 도포나 판자문 등 두 짝으로 움직이는 것은 에도시대 이후에는 오른쪽에 진열하는 것이 상식이었습니다. 오른쪽에 있는 도포나 판자를 손쉽게 가져다 쓸 수 있었습니다. 그런데 중세 목수들은 그런 것에도 얽

매이지 않았습니다.

　이것은 제가 일을 맡아서 했던 오노미치의 서국사 본당 수리 공사에서 생긴 일인데 창호 문을 모두 오른편에 배치한 경우가 있었습니다. 그러나 중세까지는 창호문은 좌우 대칭으로 배치하는 것이 대부분입니다. 좌우대칭이라는 것은 우측 측면의 창호문과 좌측 측면의 창호 문이 건물 정면에서 보아서 서로 대칭이 되게 배치한다는 것입니다.

　서국사의 좌우 측면은「무량호」라고 하는 움직이기 힘든 판으로 되어 있는 판자문이 있는데 수리 전에는 우측면의 창호문은 우측에, 좌측면의 창호문은 좌측에 배치해 놓았던 것입니다. 그렇게 하고 건물을 위에서부터 보면 창호 문이 좌우대칭으로 배치되어 있는 것입니다.

　그런데 수리 공사를 했을 때 좌우측에 있는「무량호」를 모두 우측에 배치해 놓았습니다. 건물을 정면에서 보았을 때 우측면의 창호문은 우측에, 좌측면의 창호문은 좌측에 배치됐던 것이 이 건물이 창건될 당시의 모습이었는데 그것이 깨어져 버린 것입니다.

　또 다시 고쳐 놓으려고 마음먹으면 원래 모습으로 되돌릴 수는 있지만 그렇게 까지 할 필요가 없다고 하여 현재도 그대로 되어 있습니다. 아마 다음 수리 기간에 고쳐 놓게 될 것입니다. 단지 그 때가 되어도 에도시대의 창호문의 사고방식과 에도시대의 키쿠쥬츠를 금과옥조로 삼고 있는 한, 결국은 우측에 있는 그대로 놓아둘지도 모르겠습니다.

　전부를 오른쪽에 두는 것과 좌우 대칭이 되게 하는 것에는 못자국 위치도 달라집니다. 서국사에서도 해체 조사 했을 때 못 자국의 위치는 좌우 대칭이었습니다. 그러나 그런 것이 바로 눈앞에 있어도 창호문은 우측에 있어야 한다는 것이 기본이라고 생각해서 전부 우측에 배치하고 말았습니다.

　에도시대가 되기 전의 건물에는 창호 문이 좌우대칭이 되어 있는 것은 얼마든지 많습니다. 좌우 대칭으로 하면 한쪽 편은 오른 쪽에, 또 한쪽 편은 왼쪽에 있게 되어 자유롭게 사용하기에는 나쁠지도 모릅니다. 그것을 일부러 좌우대칭으로 했던 이유는 그렇게 하는 편이 아름답게 보인다고 생각했기 때문일 것입니다.

　아름답게 보인다고 하더라도 우측면의 창호문과 좌측면의 창호 문을 동시에 볼 수는 없는 것이므로 그다지 관계가 없다고 생각할 수도 있습니다. 그렇다 하더라도 중세의 목수들은 불상을 안치하는 건물이므로 아름다워야 한다고 하는 생각을 품고 좌우 창호 문을 대칭이 되게 했을 것입니다.

　어떤 곳은 일부러 경사지게도 하고, 좌우대칭으로 배치하기도 하면서 한 가지 방법만 쓰는 것이 아니라는 것이 중세 건축의 매력입니다. 이런 점은 확실히 너무 세세하다는 면도 있습니다. 그래도 거기에 신경을 써야 하는 것이 직공의 마음 씀씀이라고 생각합니다. 불상을 안치하는 건물을 아름답게 마무리하는 것에의 끝없는 탐구심과 연구하는 마음가짐, 그것을 저도 배우고 싶습니다.

「나무의 문화」는 왜 계속 쇠퇴해 가는가.

- 문화재를 지키는 수리, 오히려 부수는 수리

나무를 살리기
위한 갖가지 지혜

저는 진심으로 일본에서 태어나길 잘했다고 생각합니다. 일본은 비의 은택을 많이 받아 땅도 비옥합니다. 그 덕분에 정말 훌륭한 나무의 문화가 발생하였습니다. 나무를 사랑하고 나무를 살리는 문화입니다. 나무의 모양과 결의 아름다움, 그 향기를 사랑하고 각각의 나무의 특징을 살려서 능숙하게 이용합니다. 이러한 문화 가운데서 천년이나 이천년 전의 시대로부터 목수들은 그 솜씨를 갈고 닦아온 것입니다.

나무의 문화는 어딘가 다른 나라로부터 수입된 것은 아닙니다. 건축 양식은 중국의 영향도 받고 있지만 아무것도 없는 상태에서 중국의 기술을 가지고 들어온 것은 아니라는 것입니다. 중국으로부터 기술이 수입되기 전 아주 먼 옛날부터 일본 풍토에 뿌리를 둔 나무의 문화와 나무를 이용한 기술이 이미 있었고 나중에 수입된 기술도 그 가운데 융화되어 일본의 자연과 일본인의 구미에 맞도록 소화되어버린 것입니다. 저는 그렇게 되었을 것으로 생각합니다.

중국의 기술이 수입된 것보다도 아주 먼 옛날 시대로부터 일본에는 훌륭한 건축 기술이 있었습니다. 죠몬시대의 많은 유적과 아오모리현의 산나이마루야마 유적에서 직경 1미터나 되는 밤나무 거목을 사용해서 거대한 건물을 지었다고 하는 것을 알게 되었습니다. 학자들의 추정으로는 17미터도 넘는 높이의 건물일 것이라고 합니다.

또 다른 거주 유적지에서는 길게 지은 집의 흔적도 발견되었습니다. 이것은 정문의 폭이 32미터, 건물 앞쪽에서 속까지의 깊이가 9미터, 지붕 높이는 8미터라고 추정되고 있습니다. 현재의 척이나 촌과는 길이가 다른「죠몬척」이라는 단위를 사용했다는 것도 밝혀졌습니다.

죠몬시대로부터 계속 발전해 오면서 헤이안시대의 이즈모대사의 본전은 높이가 48미터나 되었다고 전해지고 있습니다. 이 건물에 사용된 기둥은 삼나무 3그루를 합해서 두꺼운 하나의 기둥으로 만든 것으로 가장 큰 것은 높이가 36미터나 되었다고 합니다. 그리고 높이 30미터가 되는 지점에 설치한 본전을 향해서 100미터도 넘는 길이의 계단이 걸려있었다고 하는 것입니다.

이토록 큰 건물을 만들기 위해서는 그만큼 큰 나무가 있어야 하는데 그 이전에 이미 일본에는 거목이 무성하게 자라고 있었습니다. 덴표시대인 752년에 창건된 동대사 대불전에는 직경이 1미터가 넘고 길이가 30미터에 달하는 거대한 기둥이 84개나 사용되었다는 것입니다. 초원이나 바위산만 있는 나라에 사는 사람들은 상상도 못할 일입니다.

법륭사를 기점으로 해서 옛 건축물이 지금도 남아있는 것은 당시의 목수들의 기술이 훌륭했던 점도 있으나 목재가 좋았다는 점도 커다란 이유가 됩니다. 특히 히노키(노송)는 최고수준입니다. 제재가 히노키였기 때문에 지금까지 남아있는 것입니다. 단단해서 쉽게 썩지 않는다고 하는 점에서는 히노키가 최고입니다.

나무는 사용하는 장소에 따라서 그 성질이 더욱 살아납니다. 예를 들면 삼나무는 목조선박을 만들 때 자주 이용됩니다. 또 젖꼭지나무는 물에 잘 젖지 않으므로 목욕통으로 쓰기 좋습니다. 간토우 지방에서는 히노키 목욕이 제일 좋다고 말하지만 간사이 지방에서는 젖꽂지나무 목욕을 즐기는 것입니다. 이런 식으로 사용되는 것도 나무의 문화인 것입니다.

티나무도 있습니다. 특히 요즘 사람들이 티나무를 좋아하는 것 같습니다. 그러나 티나무는 건축 재료로 쓰기에는 조금 어려운 면이 있습니다. 산에서 자라고 있는 야생 티나무를 베어와도 곧바로 사용하기가 어렵습니다.

나무에 따라서는 속에 있는 속살과 바깥쪽의 속껍질 부분이 확실히 구분되는 것이 있는데 티나무도 그중 하나로 속껍질이 붙어있는 티나무는 좀 사용하기가 어렵습니다. 속껍질 부분은 썩기 쉬워서 부스러지게 되기 때문입니다. 그래서 티나무를 사용하려면 10년 이상 내버려 두었다가 속껍질 부분이 썩어버린 후에 남아있는 속살 부분만을 사용해야 하는 것입니다.

또 티나무는 물에 약합니다. 기둥으로 사용하면 물을 빨아올리기 때문에 중간부터 썩게 됩니다. 심할 경우는 중간에 구멍이 생기게도 되는 것입니다. 그래서 장롱이나 책상 같은 가구를 만드는 것은 좋은데 건축 재료로 쓰기에는 적당하지 않습니다. 한마디로 간단하게 나무를 사용한다고는 하지만 그 각각 나무의 성질에 맞는 사용법을 알지 못하면 나무를 살려서 사용한다고 할 수는 없는 것입니다.

페인트칠을 해서 나무의 결을 감춰버리는 것도 문화라면 나무의 결을 그대로 보여주는 것도 문화인 것입니다. 일본에서 나무의 문화는 물론 후자 쪽이며, 히노키는 나무 결도 매우 아름답고 독특한 향도 있습니다. 이런 히노키의 특징을 살려서 사찰과 신사를 건립하는데 사용해야 하는데 유감스럽게도 히노키는 점점 줄어들고 있습니다. 가격이 싼 해외 수입목재에 밀리고 있습니다. 산에서 일을 하는 사람들도 점점 줄어들고 산 자체도 황폐해져

가고 있습니다.

 사찰이나 신사는 일본의 전통이나 문화와 깊숙이 연관되어 있는 것이기도 하고, 역시 일본 건축에는 일본의 히노키를 사용하는 것이 좋다는 생각도 하지만 그런 히노키를 입수하기가 어려워진다고 하는 것은 목수로서는 실로 안타까운 일이라고 생각합니다. 기술이 있어도 재료가 없다고 하는 것에는 아무리 좋은 솜씨도 소용이 없어집니다. 옛날과 똑같이 수리하려고 생각은 해도 목재가 없다면 아무런 재간이 없습니다.

 그러나 줄어든다고 해서 히노키가 전혀 없다는 것은 아닙니다. 찾아보면 아직도 남아 있습니다. 국유림 같은 깊은 곳에는 좋은 히노키가 잠들어 있다고들 합니다. 단지 지금은 아직 그렇게 많은 양이 아니니까 국가에서도 그다지 팔려고 하지 않는 것 같습니다.

 또 히노키가 입수하기 어렵다고 하는 것과는 별개로 또 다른 염려도 있습니다. 국유림에 잠들어 있는 히노키를 사용할 수 있다고 하더라도 옛날과 같은 히노키가 될지 여부를 일수가 없습니다. 나무를 자를 때까지는 똑 같아도 그 후의 과정이 옛날과 다르기 때문입니다.

 요즘 시대는 어제까지 그 나뭇가지에서 까마귀가 울고 있었던 것 같은 싱싱한 목재를 사용하고 있습니다. 운반 수단도 발달하였고 목재를 가공하는 기술과 기계도 좋아졌기 때문에 산에서 자른 나무가 곧 바로 현장으로 운반되어 오기 때문입니다. 그렇지만 이런 방법으로 운반되어온 나무는 건축 재료로서는 그다지 좋지 않은 것입니다.

 나무를 산에서 베어서 운반하는데 걸리는 시간이 옛날에는 1년 정도가 걸렸습니다. 먼저 몇 개의 가지를 남겨둔 체로 베어

내는 것입니다. 그렇게 하면 가지는 아직까지 뿌리가 잘려나갔다는 것을 모르니까 성장하기 위하여 수액을 빨아들이게 됩니다. 그렇지만 수액은 더 이상 보충되지 않으므로 어느 정도 빨아들이면 수액이 없어져 가지가 말라버리게 됩니다.

그래도 아직 얼마간의 수액이 남아있는 상태에서 가지가 마를 즈음에 운반을 하게 되는데 강을 이용해서 나무를 떠내려보냅니다. 떠내려가는 동안에 이번에는 강물이 남아있던 수액을 씻어내줍니다. 그래서 결국에는 육지에 올려지게 되면 트럭 같은 것이 없었으니까 이 때도 천천히 운반됩니다. 그런 사이에 강에서 흡수한 수분이 말라가는 것입니다. 이렇게 되면 좋은 목재가 되는 것입니다. 수액을 충분히 씻어 내고 잘 건조시킨 나무라면 그렇게 간단하게 쪼개지지 않는 것입니다. 히노키의 좋은 점이 충분히 발휘되는 것입니다.

그렇지만 요즘은 옛날과 동일하게 나무를 잘라내어 가지를 붙인 체로 1년 정도 묵혔다가 운반할 때는 강을 이용하여 운반해 달라는 부탁을 한다 하더라도 그런 것이 통하지 않을 것입니다. 묵혀두는 시간을 가능하면 줄이고, 시간이 많이 걸리는 강을 이용한 운반은 하지 않을 것이며, 트럭 같은 것으로 빨리 운반해 버릴 것이라고 하는 것이 요즘의 방법입니다.

또한 그런 방법이 아니면 할 수가 없다는 것이 지금의 시대현실이기 때문입니다. 그래서 운송방법 면에서도 옛날과 똑같은 히노키는 입수하기 어렵게 된 것입니다.

옛날의 방법은 고생은 많이 하지만 그 나름대로 까닭이 있다는 것이야말로 건물을 오래 보존하게 하는 것입니다. 지금은 고생을 적게 하는 대신에 건물이 오래가지 못하게 되는 것입니다.

나무의 좋은 점을 살리지 못하는 것입니다. 나무의 문화로부터 점점 멀어져가고 있습니다. 이익이 없는 것을 생략하는 것만 생각하지 말고 이익이 없는 것을 살리는 것을 한번쯤 생각해도 좋을 시기가 아닌가 생각합니다.

어제까지 나뭇가지에서 까마귀가 울고 있었던 것 같은 나무가 오늘은 제재소에서 현장으로 오고 있는 현실에서 좋은 재료라 할 수가 없는 것입니다. 요즘의 목재는 갈라지기 쉽습니다. 그것을 방지하기 위해서 지금은 「등 가름」이라고 해서 기둥의 뒤쪽에 중심까지 틈을 갈라놓아 바람이 통하도록 하는 경우가 많습니다.

처음부터 틈을 갈라서 만들어 두어 그 이상 갈라지지 않도록 한다는 것입니다. 그리고 눈에 띄는 곳은 갈라진 틈이 보이면 좋지 않으니까 나무로 메워서 알아차리지 못하게 세공을 합니다. 그런 것을 할 정도가 된다면 처음부터 나무가 갈라지지 않는 것을 사용하는 것이 좋겠지만 그런 것을 손에 넣을 수가 없기 때문에 어쩔 수가 없는 것입니다. 있는 그대로 두었다가 보기 싫게 갈라진 틈이 생기는 것 보다는 낫기 때문입니다.

문화재 수리에 사용하는 나무도 일단은 충분히 건조된 것을 사용하여야 하지만 실제로는 그러한 목재를 입수하는 것은 좀처럼 어렵습니다. 그러한 목재를 가지고 있는 업자도 없을 것입니다.

손쉽게 일하는
분위기가 만연하게 된 이유

문화재 수리를 할 때는 그 당시에 어떤 도구로 가공되었는가 라는 것도 확인합니다. 예를 들면 커다란 톱을 이용해서 나무를 가공하게 된 것은 무로마치시대에 들어와서부터 사용하기 시작했습니다. 무로마치시대에 사용된 제재용의 커다란 톱을「오가(큰톱)」라고 부르는데 그 이전의 건물에서는「오가」로 제재된 목재를 사용하지 않았습니다. 통나무집을 만든다면 모르겠지만 건축 재료로서의 목재로 사용하기 위해서는 기둥이나 판자로 쓸 나무를 제재하는 작업이 필요한 것이므로「오가」라는 새로운 도구가 등장함으로써 제재 기술이 한층 진일보하게 된 것입니다. 그런데 공교롭게도 이「오가」가 보급되었던 시기와 건축이 질이 떨어지기 시작한 시기가 일치하고 있다는 것입니다.

「오가」라고 하는 톱은 길이가 6척(약 1미터 82센티)이나 되는 것으로 혼자서는 도저히 다루기가 힘들어 두 사람이 양쪽 끝에 있는 손잡이를 붙들고 사용했습니다. 그 전까지는 끌을 사용해서 나무를 잘라 제재했던 것인데「오가」를 사용하게 되니까 훨씬 간단하게 제재할 수 있게 되어 편리하게 되었습니다. 나무를 쪼개는 것이 아니고 잘라 가는 것이므로 똑바로 나무를 자르기가 쉬웠습니다. 그런데 그런 것이 잘못된 것이었습니다.

나무는 수직방향으로 결이 들어가 있는데 이 결은 자연히 생긴 것이므로 자로 그은 선과는 달리 구부러져 있게 마련입니다. 끌로 나무를 쪼개면 구부러진 결에 따라 나무가 잘라지게 됩니다. 자연히 그렇게 되는 것입니다. 이렇게 잘라진 나무는 결이 죽지도 않고 나무의 특징도 그대로 남아있습니다. 그리고 구부러진 모양을 갖춘 상태에서 나무 결을 살리면서 건축에 사용되는 것입니다. 이런 목재는 나무의 특징을 그대로 살리기 때문에 나중에라도 뒤틀림이 많지 않습니다.

그런데「오가」로 제재한 경우는 어떤가 하면 나무 결에 관계없이 똑바로 자르기 때문에 결을 잘라버리고 말게 됩니다. 나무의 특징을 무시하고 어떤 나무나 똑같이 잘라버린다는 것입니다. 그래서「오가」로 제재한 목재는 나중에 뒤틀림이 나오기 쉽습니다.「오가」가 나오고서부터 건축물의 질이 떨어졌다고 하는 것은 바로 그런 의미입니다. 요즘의 목재도 마찬가지입니다. 옛날처럼 사람의 힘으로「오가」를 켜는 일은 없지만 갈수록 기계를 이용하여 나무를 켜기 때문에 마찬가지인 것입니다.

나무라고 하는 것은 싹이 나서 자란 장소에 따라서 각각 다릅니다. 평지에서 자란 나무와 경사진 곳에서 자란 나무가 다른 것입니다. 바람이 강한 곳에서 자란 나무와 바람이 약한 곳에서 자란 나무도 다른 것입니다. 그래서 똑바른 나무도 있고 구부러진 나무도 있는 것입니다. 그런 것이 자연의 모습입니다.

똑바른 목재를 원한다면 똑바르게 자란 나무를 사용하는 것이 좋고 구부러진 목재가 필요하면 구부러지게 자란 나무를 사용해야 좋을 것입니다. 그렇게 해야만 나무의 장점을 살려서 사용할 수 있고 나무를 살린다는 면에서도 좋습니다. 구부러진 나무를 무리하게 똑바르게 고쳐서 사용하면 나무가 원래대로 되돌아가려는 성질이 있어서 오랜 시간이 지나면 뒤틀리기 쉽습니다.「오가」는 그런 차이에 관계없이, 또 각각의 나무의 강함과 약함에 관계없이 모양만으로 맞춰버리니까 나무의 차이점을 살리지 못합니다.

　에도시대에 들어오면 또 다른 새로운 도구를 사용하게 되면서 다시 사정은 더욱 악화됩니다. 이번에는 금속 도구입니다. 도구라기보다도 건축 부재료 말입니다.

　중세의 건물은 나무와 나무를 짜 맞추는 「나무조립」 기술이 건물을 짓는 기본이 되었었는데 에도시대가 되면서 중요한 것으로 「나무조립」 기술 대신에 손쉬운 금속 도구와 금속 부재료를 사용하게 되어버린 것입니다.

　이런 건축 방식으로는 그야말로 금속 부재료가 부식되어 부서지기라도 하면 처마 끝이 전부 떨어져 버리는 일도 생길지 모릅니다. 수백 년씩이나 건축물을 유지시키려는 연구에 몰두하는 대신에 손쉽게 금속 부재료를 사용하는 것이 횡행하였던 것입니다.

　나무와 나무를 조립하는 것은 섬세한 세공을 필요로 하는 손질이 많이 가는 일입니다. 금속 자재를 사용하면 그런 수고는 필요 없습니다. 쇠망치로 쾅쾅 박으면 그만입니다. 그렇지만 간단히 한 만큼 손쉬운 일에는 문제가 따르기 마련입니다. 인간이란 약한 존재이므로 점점 간단히 끝나는 일을 선호하게 됩니다. 그래서 건물도 점점 질이 떨어지게 되었습니다.

　재료의 사용방법에도 절약과 효율이 중시되게 되었습니다. 예를 들면 중세 건축물의 飛檐(비첨)서까래에 비해서 에도시대의 飛檐서까래는 그 길이가 짧아지고 있습니다. 중세시대의 飛檐서까래가 긴 연유에는 그렇게 해야 처마를 받쳐주는 힘도 강해진다는 까닭이 있는 것인데 절약을 위해서 그것을 짧게 해 버린 것입니다.

　불상을 안치하는 건축물로서의 아름다움에 대한 추구도 약해지고 건물의 강도도 손상시켜 버린 것입니다. 飛檐서까래가 짧아짐에 따른 처마선의 아름다움의 변화는 초보자들이 보면 잘 느끼지 못합니다. 속에는 금속 재료를 써서 백년 후에는 다시 수리가 필요한 건물이 된다 하더라도 그 때쯤에는 자기는 살아있지 않기 때문에 관계가 없다는 식입니다. 그런 형편없는 생각들이 만연하게 되었다고 생각합니다.

더군다나 에도시대부터 「장명오권(匠明五卷)」 같은 매뉴얼마저 나오게 되어 스스로 연구하지 않아도 되는 상태에서 일을 할 수 있게 되었습니다. 재료도 규격화가 진전되고 일하는 방법도 효율이 최우선시 되었습니다. 그렇게 되면서 중세에서 화려하게 꽃피웠던 「나무의 문화」는 쇠퇴의 언덕으로 굴러 떨어져 가게 되었던 것입니다.

 일본 건축의 「아름다움과 순수함」
은 어디에 있는가.

그렇다고 하더라도 이런 이야기를 하고 있으면 점점 기분이 우울해 집니다. 그 정도로 멋진 지혜와 기술이 있었는데 편리함과 손쉬움에 눈을 빼앗겨 중요한 것을 점차 잃어가고 있기 때문입니다.

에도시대 이후 더구나 메이지시대, 다이쇼시대, 쇼와시대로 나아가면서도 이런 흐름은 변하지 않았습니다. 메이지시대가 되어 서양풍의 건축이 들어오면서 이번에는 서양풍 건축 일변도로 나가게 됩니다. 유럽이나 미국에 있는 것과 같은 벽돌이나 시멘트 건물이 문화적으로 더 뛰어나다고 하는 생각 차이가 팽배해져 가게 되었습니다.

서양풍의 건축에도 좋은 점이 많다는 것은 인정합니다. 일본의 풍토와 그 가운데에서 피어난 나무의 문화가 있는 것과 같이 구미에도 구미지역에 맞는 풍토와 문화가 있는 것이고 그 가운데서 서양풍의 건축도 발달해 왔던 것입니다. 그렇기 때문에 지나친 서양문명 숭배로 서양풍의 건축이 더 발달했음에 틀림이 없다는 생각을 하게 되었고 풍토와 문화의 차이를 뛰어넘어서 겉모습만의 서양풍 건축을 맹신하게 되어버렸습니다. 나쁘게 말하면 흉내내기가 만연하게 되었던 것입니다.

그것에 따라서 목수의 지위도 점점 내려가게 되고 그 대신에 건축가라는 사람들이 나오게 되었습니다. 이 사람들도 서양풍의 건축을 거울로 삼았기 때문에 점점 옛날부터 내려온 일본 건축에는 눈을 돌리지 않게 되었습니다. 그런 서양풍 건축 일변도의 풍조 속에서 쿄토에 있는 계리궁의 우수함을 독일 사람인 부르노타우트씨가 지적함으로써 일본 사람들이 일본 건축의 아름다움을 새삼스럽게 느끼게 되었다고 하는 웃지 못 할 일도 벌어졌습니다.

일본의 건축 기술이 어느 정도 우수했는지를 잃어버리고 말았던 예 중 가장 극단적인 예는 1959년 10월에 건축학회에서 시행한 「목조건축 금지결의」일 것입니다. 그해 9월에 이세만 태풍으로 많은 희생자를 냈기 때문에 목조 건축은 불에도 약하고 풍수 피해에도 약하니 만들지 말라는 결의를 했던 것입니다.

어떻게 해서라도 피해를 줄이려는 심정은 이해하지만 이것은 너무 지나친 것이라고 생각합니다. 목조 건축물로서 천년도 넘게 서있는 건물이 있는데도 불구하고 무조건 철골과 콘크리트 건축이 좋다고 하는 것입니다. 서양풍 건축 일변도에서 더욱 나빠져서 이번에는 철골과 콘크리트 일변도가 되어버린 것입니다.

이런 풍조는 지금도 계속되고 있습니다. 일본의 옛날부터 내려오는 건축기술도 충분히 알지 못하면서 목조 건축은 무조건 안된다는 생각으로 머릿속에 꽉 차 있는 것입니다. 이러한 풍조가 참으로 유감스럽습니다.

그렇지만 최근에 들어와서 옛날부터 내려온 일본 건축기술의 좋은 점을 알아주는 사람들도 조금씩 늘어가고 있는 것 같지만 건축기본법 하나를 보더라도 아직도 고쳐야 할 부분이 남아있습니다.

법률을 지켜서 그대로 집을 지으려고 하면 옛 목수들이었다면 기가 막힐 일도 많을 것입니다. 철 볼트로 기둥을 연결해야 한다는 등 말입니다. 나무와 철은 전혀 성질이 다르기 때문에 그렇게 하는 것이 좋을 리가 없지만 법률에서는 그렇게 하라고 되어 있으니 어쩔 수가 없습니다.

　이상한 것은 그 외에도 많이 있습니다. 건물이 오래가기를 원한다면 일본 같은 기후에서는 비가 새지 않도록 하는 것과 마루 밑에 바람이 통하게 하는 것이 중요한데 비가 새는 것은 중요시 하지만 마루 밑은 소홀히 하고 있습니다. 마루 밑을 단단하게 굳어진 콘크리트로 메워버리는 경우도 있는 것 같은데 콘크리트도 물은 빨아들이기 때문에 잘 하지 않으면 습기가 올라옵니다. 콘크리트보다는 진흙반죽으로 메우는 것이 더 좋습니다.

　마루 밑에 바람을 통하게 하는 것도 일본사람의 궁리 가운데서 나온 것이므로 일본의 풍토에 맞을 뿐더러 거기에는 멋진 지혜도 들어있는 것입니다. 목조 건축은 낡았다든지 옛날 것은 좋지 않다든지 하는 그런 생각은 틀릴 수가 있습니다. 옛날 어느 시대 것이라도 좋은 것은 좋다고 해야 할 것이고, 옛날 것이 기술에서 앞서 있으면 그것이 좋다고 해야 할 것입니다.

　옛 목수들을 바보로 취급해서는 안 됩니다. 우리 집 아들은 머리가 나쁘니까 목수나 시켜야 할까보다고 생각하고 있는 부모도 있을지 모르지만 그런 생각으로 목수가 되어서는 곤란합니다. 머리가 나쁘다면 좋은 목수는 될 수 없는 것입니다. 또한 좋은 목수가 없다면 좋은 건물도 나올 수가 없습니다.

　그러나 머리가 좋다고 하더라도 또 학자라도 목조건축 금지결의와 같은 것을 하면 곤란한 것입니다. 요즘은 대학이 많아져서 대학 출신 목수도 늘어나고는 있지만 그런 대학이라고 하더라도 목조 건축을 잘 모르고 있는 사람이 가르치고 있으니까 목조 건축의 좋은 점을 꼼꼼하게 공부할 수 있을지 의문스럽습니다.

　쿄토대학의 어느 교수도 말했지만 요즘의 대학 교수는 철골과 콘크리트 일변도의 교육을 받고 자랐기 때문에 일본의 옛 건축의 우수한 점을 잘 모르는 사람이 많다고 합니다. 중세의 키쿠쥬츠는 커녕 목조 건축 기술 그 자체를 잘 모르고서는 곤란하다고 생각하지만 애처롭게도 그것이 현실이니까 어쩔 수가 없습니다.

어렵게 실낱처럼 이어져온 옛 건축의 지혜가 상실되고 말았는데 지금부터 본격적으로 공부하려고 한다면 다시 한번 고치지 않으면 안 되는 부분이 많이 있는 것입니다. 어느새 지식의 단절이 생기고 말았다는 것입니다.

일단 상실되어버린 것을 찾아오려면 두 배의 시간이 걸리기 때문에 지금부터 공부하려고 하는 사람은 고생이 많겠으나 어쨌든 열심히 해 주기를 바랄 뿐입니다.

중세 건축물 하나에도 아직까지 해명되지 않은 부분이 많이 있으므로 그러한 곳에 잠들어 있는 옛 목수들의 지혜를 머리가 좋은 사람들이 발굴해 내 주면 좋겠습니다.

그렇지만 더 이상 되돌아보는 것은 어려울지도 모릅니다. 목재에 있어서도, 기술에 있어서도, 지식에 있어서도 지금으로서는 잃어버린 것이 너무나 많습니다. 하지만 이것은 돈만 들이면 무엇이든지 될 수 있다고 하는 종류의 이야기가 아니기 때문에 더욱 안타깝습니다.

삼백년 후나 오백년 후에 일본 문화재와 「나무의 문화」가 어떻게 되어 있을까 정말 걱정입니다.

실제로 나무를 만지는 것이야말로 곧 아는 것

기술자와 기능자라는 단어를 들어본 적이 있습니까? 기술자는 학문적으로 건축을 공부한 사람이고 기능자는 저와 같은 직공을 말합니다.

기술자의 장점은 기술의 이론을 알고 있다는 것입니다. 기능자의 장점은 실제로 건물을 만드는 기능이 있다는 것입니다. 그러나 양쪽이 그 한 가지만 알고 있어서는 곤란합니다. 어떤 이론으로 억지로 관철시키는 것도 좋지 않고 또 직공의 생각만으로 밀고 나가는 것도 좋지 않습니다.

문화재를 수리하는 일에도 학자와 기술자와 목수가 함께 참여합니다. 각자의 일의 내용이 다르기 때문에 전문 분야에 맞춰서 일을 맡기면 좋을 것으로 보일지 모르지만 자신이 잘하는 분야만 알고 있으면 진정한 것은 모를 수가 있습니다. 이론적으로 전문가인 사람도 현장의 일을 어느 정도는 알고 있는 편이 좋다고 생각합니다. 요즘은 기술자도 대학을 나온 사람이 많은 탓인지 목수 따위와는 대화를 하지 않으려는 경향이 있는 것 같은 느낌을 받습니다. 그렇게까지 생각하지 않더라도 단지 어떻게 이야기를 해야 좋을지 알지 못하고 있는지도 모르겠습니다.

얼마 전까지만 해도 그렇지는 않았습니다. 대학을 나온 기술자가 그렇게 많지 않았고 현장 사무소에 있는 기술자와 직공이 사이좋게 지냈습니다. 사무소에 있는 기술자들은 도면을 그리는 등의 일이 많았는데 그것만 하고 있는 것이 싫증이 나는지 때로는 우리들이 일하고 있는 곳에 와서 끌을 사용해서 일을 도와주기도 하고 자귀(목재를 다듬는 큰 까뀌)를 사용해 보는 등 실제로 도구를 사용해 보려는 노력이 있었습니다.
　이런 것이 대단히 중요하다고 생각합니다. 목수 일은 이론만으로는 알 수 없는 것이 많습니다. 실제로 자신이 도구를 사용해 보고서야 비로소 알게 되는 것이 있습니다.
　그래서 현장의 일을 어느 정도 알고 있으면 끌 자국을 보는 것만으로도 이것은 어떤 식으로 깎았는지를 짐작할 수가 있게 됩니다. 또 어떤 부분의 일이 어렵다는 것도 알게 됩니다. 그 전에는 도편수의 경험을 거친 후에 사무소장이 된다고 하는 사람도 있었으므로 현장과 사무소간에 이야기가 잘 통했었습니다.
　그런데 학자나 박사 같은 사람들은 역시 우리들보다는 머리가 똑똑합니다. 현장 사람들의 이야기를 잠시 들어보고 제자 같은 사람을 시켜서 조사하게 하고 본인은 그다지 현장에 나오지 않더라도 그럴듯한 보고서를 쓸 수 있으니 말입니다.
　그것은 대단한 것이지만 우리들로서는 할 수 없는 일입니다. 다른 사람의 결점을 발견하는 것도 대단합니다. 박사가 되면 새로운 것을 찾아내서 자기의 견해는 맞고 다른 사람의 견해는 틀린다고 하는 식으로 말하기 때문입니다. 저는 추리소설을 읽는 것을 좋아하는데 학자들도 그런 것만은 잘 추리할 수 있다는데 감동을 받는 경우가 있습니다.
　학자는 이론을 우선시하고 건축기본법도 잘 알고 있기 때문에 문화재 수리에서도 콘크리트나 철골을 사용해야 한다는 사람이 있는데 이런 것은 곤란합니다. 또 학자가 계산해서 만든 것도 지진으로 붕괴된 예는 얼마든지 있지만 그런 때는 계산외의 하중이 걸리게 되어 어쩔 수가 없었다는 변명하나로 끝내 버리는 경우가 보통입니다.

  옛 목수들은 계산외의 하중이 걸린다는 등의 편리한 문구를 알지 못했음에도 그들이 건축한 것은 그만큼 계산외의 하중이 걸려도 무너지지 않고 지금도 남아있습니다.

  그런 점을 간과하지 말고 주목해 주시기를 바랍니다. 이론도 중요하지만 실제로 건축되고 있는 현장을 잘 살펴보는 것도 중요합니다. 그러므로 이론이 전문인 사람도 어느 정도는 도구의 사용법도 알고 실제로 나무를 만져보는 경험을 가지는 편이 좋다고 생각합니다.

  문화재 수리에서는 목수는 기술자 밑으로 들어가서 일을 하게 되는데 때로는 의견이 엇갈리는 경우도 있습니다. 아니 그런 표현보다는 오히려 자주 부딪칩니다. 그러나 제 편에서 아무리 그렇게 하고 싶다고 말하더라도 그것이 통하지 않는 경우도 있습니다. 윗사람으로부터 그렇게 하면 안 된다는 말을 듣게 되면 어쩔 도리가 없게 됩니다.

  그래서 이전에 수리했던 곳으로서 자기가 일을 잘 했다고 생각되는 곳은 다시 한번 보러 가고 싶지만 일을 시원찮게 했던 곳에는 가보고 싶지 않은 것입니다. 시원찮게 했던 일이란 대개가 윗사람의 지시에 의해서 그대로 했던 곳입니다. 그런 일은 제가 너무 완고한지는 모르지만 일이 끝나고 상당한 시간이 지났는데도 왠지 납득이 가지 않는다는 기분이 계속 남아있게 됩니다. 물론 일 자체는 맡겨진 일을 하지 않는 경우는 없지만 기분이 평온하지 않습니다. 그러한 곳은 일부러 다시 보러 갈 기분이 들지 않습니다.

  제 생각이 잘 먹히지 않을 때는 억울하기도 하고 슬프다고 생각할 때도 있지만 오히려 그것이 반발심으로 작용하기도 하므로 무조건 나쁜 것만은 아닙니다. 화가 치미는 기분이 들 때마다 더더욱 공부를 해야겠다는 마음이 들기 때문입니다.

그런 것이 아니더라도 목수라는 일을 하는데 있어서 손해를 보는 경우가 많습니다. 아무리 일을 잘하더라도 그것이 당연한 것으로 여겨 별도로 칭찬해 주는 사람이 없다가도 조금만 잘못되면 당장에 그 목수는 못쓰겠다는 말을 듣게 됩니다.

요리를 한다든지 도자기를 만든다든지 하는 일은 혼자서도 할 수 있지만 목수는 혼자서 건물을 세울 수는 없는 것입니다. 다른 여러 직종의 직공들과 함께 하는 공동작업인 것입니다. 그 때문에 아무리 일을 잘해도 그 목수가 훌륭한 일을 했다고 칭찬받는 경우는 좀처럼 없습니다. 목수 일이 두드러지게 눈에 띄지 않는 것입니다. 그런 것도 조금은 목수 일을 서로 하지 않으려는 요인이 되고 있습니다.

목수의 자존심을
말해주는 상량식의 전설

문화재 수리의 세계에서도 목수의 지위는 그다지 높은 것이 아닙니다. 최근에는 조금 바뀌고 있지만 그 이전에는 보고서에도 목수의 이름이 기록되지 않았습니다. 보고서를 보더라도 어디에 사는 어떤 목수가 일을 했는지 전혀 알 수가 없습니다. 그러기는커녕 몇 명의 목수가 일을 했는지 조차도 확실하게 나와 있지 않습니다.

옛 목수는 자기 집안을 나타내는 성씨를 내세우고 칼을 차는 것을 허용할 정도로 꽤 존경받았었는데 요즘은 변해도 너무 변했습니다. 오노미치의 정토사를 건립한 목수가 후지와라 라는 성씨를 하사받은 것처럼 옛 목수들은 현대의 건축가의 지혜와 직공의 기술을 겸비한 사람으로서 그 나름대로의 대우를 받았던 것입니다. 우리들과 같은 요즘의 목수들은 옛날로 말하면 「작은 목공」으로 불리는 존재에 불과할 것입니다.

그러나 아무리 뭐라고 하더라도 그것이 하찮은 것이라고는 하겠지만 최근에는 보고서에 목수의 이름도 기록하도록 되었고 수리가 끝났을 때 남기는 표찰에도 목수의 이름을 남기도록 되었습니다. 목수의 일도 조금은 인정받게 된 것입니다.

목수로서 기분 좋은 의식으로서 낙성식이 있습니다. 낙성식 전에 마룻대를 올리면서 상량식을 거행하는 것도 또 한 가지 기분 좋은 의식입니다. 문화재 수리에서도 마찬가지입니다. 특히 상량식을 본격적으로 집행하려면 의식용으로 여러 가지 것을 아름답게 장식해야만 하기 때문에 천만 엔이나 이천만 엔씩 쓰는 경우도 있습니다. 작은 집 한 채 정도를 지을 수 있는 금액입니다.

상량식을 할 때는 우리들도 특별한 예복을 입고 참가합니다. 그 예복에도 여러 가지가 있는데 신관(역자 주 : 신사의 우두머리)과 동일한 예복도 있고 스님들이 입는 겉옷 비슷한 것도 있습니다. 자기가 예복이 없는 경우는 예복을 빌려 입는 경우도 있고 시주 측에서 준비해 주는 경우도 있습니다. 모두 예복을 갖추고 어폐(신불(神仏)에 바치는 종이나 흰 천을 가늘게 오려 나무에 끼운 것)를 선두로 열을 지어서 화려하게 상량식을 거행한다는 것은 제법 기분 좋은 일입니다. 일반적인 건축에서는 이런 격식을 갖춘 상량식은 거의 사라져버렸습니다.

화려한 상량식을 거행하게 되면 이런 의식도 남겨두어야 한다는 생각에서 비디오로 촬영해서 남겨두는 건설회사도 있습니다. 거창한 문화재 수리공사는 그것을 청부받은 건설회사로서도 명예스러운 일이고 좋은 광고 효과도 되는 것입니다. 어폐라든가 마룻대에 장식하는 활과 화살 등 아름답게 장식하는 물건은 목수가 맡아서 만듭니다. 장식하는 물건에 그린 그림은 학과 거북이 같은 길조를 상징하는 것들입니다. 못생긴 여자의 얼굴을 장식하는 것도 있습니다. 어째서 못생긴 여자가 되었느냐 하면 거기에는 흔히 말하는 다음과 같은 전설이 있습니다.

옛날에 어느 목수들의 도편수가 깜박하고 기둥은 짧게 잘라버리고 말았습니다. 어찌할 줄 모르고 난처해하고 있는데 얼굴이 못생긴 아내가 마스(되)를 만들어서 기둥 위에 놓아두니까 기둥이 짧아도 괜찮았다고 하는 지혜를 얻었습니다.

그러나 마스(되)를 만들었다고 하는 새로운 대발명도 실은 아내로부터 배웠다는 것이 세간에 알려지게 되면 도편수의 입장이 난처하게 될 것이라고 생각했습니다. 거기서 도편수는 아내를 죽여야 하겠다고 생각했는데 그것을 알아차린 아내가 비통해서 연못에 몸을 던져 죽었다는 이야기가 있습니다. 그 이후부터 상량식에는 못생긴 아내의 영혼을 위로하는 의미로 못생긴 여자의 얼굴을 장식하게 되었다는 것입니다.

　상량식에서 여자의 머리카락을 장식하는 곳도 있습니다. 옛날은 지금과 달라서 큰 목재를 높은 곳에 올릴 수 있는 좋은 끈이 그리 많지 않았습니다. 그래서 여자의 머리카락을 많이 모아서 다발로 묶어 단단한 줄로 꼬아서 목재를 끌어올렸습니다. 이런 이야기로부터 유래된 것입니다. 쿄토의 동본원사에는 여자의 머리카락으로 꼰 줄이 실제로 남아있다고 합니다.

목재를
조립하기 위한 「에반즈케」

문화재로 지정된 건물도 해체하다보면 옛 직공들이 쓴 낙서가 자주 나옵니다. 누군지 모를 초상화를 그린 것도 있고 남자 성기를 그린 것도 있습니다. 술집에 갈 때는 어떻게 해야 하는가에 대하여 써 있는 것도 있고 직공의 우두머리가 나쁜 놈이라는 욕설을 써 놓은 것까지 남아있습니다. 이런 것을 보면 옛 사람들도 지금의 사람과 크게 다르지 않았던 것 같습니다.

에도시대 건물에는 「오래된 연못에 개구리 뛰어드는 물소리」라는 멋있는 글이 써있는 것도 있습니다. 자기의 이름과 주소를 쓴 사람도 있습니다. 오노미치의 서국사에는 막말경의 낙서로 「義国隊」라든가「国援隊」등이 써 있습니다. 황실근무대의 건장한 군인이 에도에 오는 도중에 써 놓은 것일지도 모릅니다. 그 곳은 쵸우슈우에서 에도로 가는 길목이기 때문입니다.

벽에 낙서를 한 것도 있습니다. 벽은 바닥칠부터 시작해서 마무리 할 때까지 몇 번이나 칠하는 것이므로 도중에 낙서를 해도 그 위에 칠해 버리면 알 수가 없게 됩니다. 덧칠해 버리면 깨끗하게 됩니다. 그러나 해체할 때는 벽도 한 장 한 장 조심스럽게 떼어내서 조사하므로 낙서가 있으면 알 수 있습니다. 낙서한 본인은 설마 몇 백 년 후에 칠한 것을 한 장 한 장씩 떼어내리라고는 생각지도 못했을 것입니다.

수리할 때는 그런 것도 꼼꼼하게 기록해 둡니다. 낙서는 낙서대로 도움이 되는 것도 있습니다. 날자가 기록되어 있으면 어느 시대에 일을 했는지를 알 수 있습니다. 사찰의 건축비용을 기부한 사람들의 이름이 많이 써있는 경우도 있지만 이것은 낙서라고 하기는 어려울 지도 모르겠습니다.

【에반즈케 걸작들】

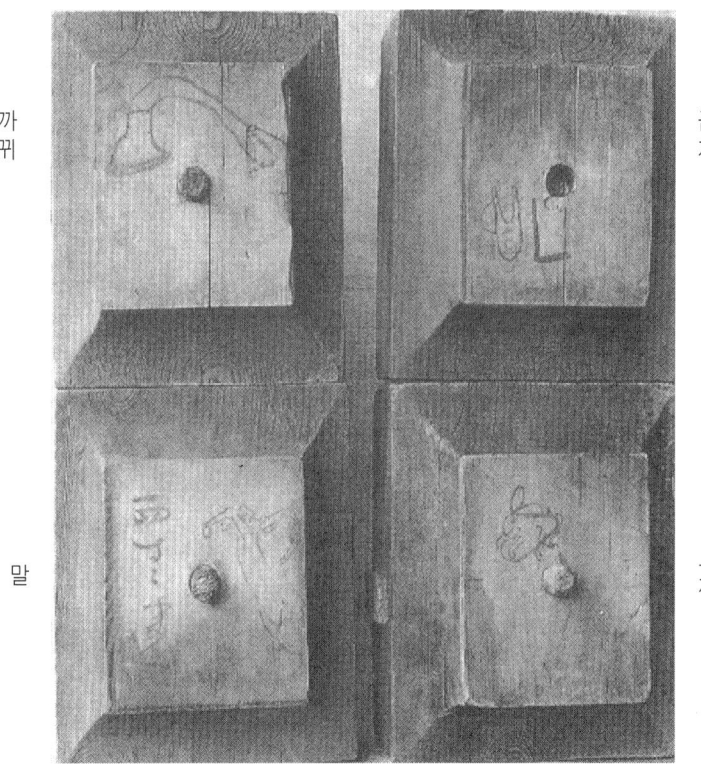

정토사 본당(히로시마) 토키요우
우측 위에 있는 에반즈케에는 곱자의 왼쪽에 먹통이 그려져 있다.

또 낙서와는 별도로 「에반즈케」라는 것도 있습니다. 이것은 각 부재료를 조립하기 위해서 쓴 표시를 말하는데 옛날의 직공은 글을 읽을 줄 모르는 사람도 많았으니까 문자 대신에 그림을 그렸습니다. 그래서 「에반즈케」(그림으로 그린 일의 순서도)라고 불리게 되었습니다.

예를 들면 A라는 목재와 B라는 목재를 조립하려고 할 때 그 조립되는 곳에 각각 토끼라면 토끼의 그림을 그려 놓습니다. 나중에 토끼끼리 맞추면 틀리지 않게 되는 것입니다.

이런 「에반즈케」에 그린 그림은 별도로 정해져있는 것은 아닙니다. 뱀도 있고 지네도 있는 등 여러 가지가 그려져 있습니다. 동그라미나 삼각형 같은 도형을 「에반즈케」로 사용하는 것도 있으나 대개는 신변에서 흔히 볼 수 있는 것들로 그려져 있어 그렇게 기발한 것은 없는 것 같습니다. 그것만으로도 소박한 재미가 있습니다.

「한 푼이나 두 푼 차이는 기생의 미소」라는 의미

「에반즈케」와는 대조적인 것으로 컴퓨터가 있습니다.
어떤 분야에서도 컴퓨터를 쓰지 않을 수 없는 요즘이지만 문화재 수리의 세계에서도 컴퓨터로 도면을 그리는 일이 많아지고 있습니다. 그만큼 일을 빨리 할 수 있는 것입니다. 옛날같으면 한 장 한 장 자를 대고 선을 그리던 것을 이제는 기계가 다 해줍니다. 그러나 컴퓨터로 해서는 안 된다는 사람도 아직 많은 것 같습니다. 옛 것을 컴퓨터로 그린다는 것은 말도 안 된다는 것입니다.
지붕을 받치고 있는 서까래는 하나하나가 미묘한 차이를 갖고 만들어져 있을뿐더러 서까래의 간격도 모두 똑같지 않는 것인데 컴퓨터로 도면을 그리게 되면 모두 똑같은 치수가 되어 버립니다. 컴퓨터를 사용하면 계산된 대로 한가지의 선 밖에 그릴 수 없는 것입니다. 아니 그릴 수는 있을지 모르지만 그런 미세한 선을 그리려면 사람의 손으로 그리는 편이 빠르고 정확하게 그릴 수 있다는 것입니다. 중세 목수들의 혼신의 힘을 기울여 만든 휜 처마의 미묘한 선은 컴퓨터로는 아직은 나타내기 어려운 면이 있는 것 같습니다.
또 어떻게 되든지 무조건 자세하고 정확하게 계산하면 다 되는 것은 아닙니다. 목수의 세계에서는 옛날부터 「한 푼이나 두 푼 차이는 기생의 미소」라는 말이 있습니다. 1척(약 30.37센티)의 십분의 일이 1촌이고 1촌의 십분의 일이 1푼(약 3밀리), 1푼의 십분의 일이 1리이지만, 기둥이나 들보 같이 큰 목재의 치수법을 정할 때는 1푼 1리에 신경 쓰는 것은 의미가 없습니다. 나무 쓰임새의 형편에 맞춰주어야 하므로 그런 것은 나무에 맡기는 것이 좋습니다. 그런 세세한 부분까지 신경 쓸 여유가 있으면 차라리 더 중요한 것에 신경을 써야 한다는 것입니다.

척관법을 사용하는 것도 법률적으로는 완화되어 가고 있다고는 하지만 수리 보고서는 미터법으로 표기하도록 되어 있습니다. 척과 촌에 의해서 만들어진 것을 미터법으로 측량하면 맞지 않는 부분이 나오는 것은 당연함에도 불구하고 그렇게 하도록 되어 있습니다.

또 설령 미세하게 세공해야할 경우에도 목수가 신경써야할 부분은 5리까지면 된다고 말하고 있습니다. 5리는 1.5미리가 약간 넘으니까 미터법의 1미리라는 단위로 실제로 일을 하기에는 너무 세밀합니다. 그렇다고 1센티를 단위로 일을 하면 너무 대충대충 하는 것이 됩니다. 그래서 역시 척관법으로 만들어진 것은 척관법에 의해 수리하도록 해야 하는데도 불구하고 현대의 잣대가 옛 건축에도 강요되고 있는 것입니다.

「까마귀 입」이라는 도구가 있습니다. 까마귀의 주둥이 모양을 한 필기도구로 예로부터 제도하는데 자주 사용하고 있습니다. 컴퓨터로 도면을 그린다면 그런 옛날 도구는 필요 없게 됩니다. 그러나 이것도 여러 방향으로 생각하는 사람들이 있어서 「까마귀 입」을 없애버리면 한가지의 문화가 단절되는 것이 아닌가 하는 우려와 문화재와 관련하여 일을 하는 사람이 그런 것이 필요 없다고 해도 되는가 라는 말을 하면서 「까마귀 입」에 관심을 갖기도 합니다. 그러나 한편에서는 이제는 「까마귀 입」 같은 것을 사용하는 시대는 지났다고 말하는 사람도 있습니다. 문화재 수리의 현장에서는 그런 사람의 취향도 있는 것입니다. 이것도 이론만으로는 어느 것이 맞는다고 딱 잘라 말하기 어려운 부분입니다.

척관법이나 「까마귀 입」 등 옛날부터 내려온 문화도 중요시해야 합니다. 이러한 것도 옛 건축물을 후대까지 오래도록 남겨두기 위해서 필요한 실로 중요한 것이라고 생각합니다.

궁궐목수는
어디에 소속되어 있는가.

최근의 젊은 목수들 중에는 「에반즈케」라고 말해도 무슨 뜻인지 모르는 사람이 많이 있을 것입니다. 이런 사람이 아무 준비도 없이 문화재 수리 현장에 투입된다면 허둥대기만 할 것이라고 생각됩니다.

국보나 중요문화재로 지정된 사찰의 수리공사는 목수라고 해서 아무나 할 수 있는 것은 아닙니다. 역시 옛날 기술을 알지 못하면 적합하지 않습니다. 수리 공사를 해본 경험과 지식이 없으면 곤란한 것입니다. 그것이 궁궐목수의 세계인데 이 세계에서도 점차로 학문적인 연구도 이루어져 가게 되어 1971년에 문화재건조물 보존기술협회라는 단체가 설립되었고 그 이후 이 협회가 중심이 되어서 수리공사가 행하여지게 되었습니다.

협회라고는 해도 국가에서 승인 받은 설계사무소 하나밖에 없지만 쿄토, 시가, 나라, 와카야마 이외의 곳은 대부분의 경우 이 협회가 일을 맡아서 하고 있습니다. 중요문화재 건조물 수리공사의 7할에서 8할은 협회가 맡아서 하고 있다고 말해도 좋을 것입니다. 쿄토나 나라 등이 별도로 되어있는 것은 이런 곳은 중요문화재 건조물이 많아서 부현청 안에 협회와 같은 일을 하는 부서가 있기 때문입니다.

단지 협회는 이른바 기술자 집단으로 시공부문은 가지고 있지 않습니다. 실제의 공사는 시공업자가 시행합니다. 실제 공사 중에서 협회가 하는 것은 설계 감리하는 일입니다. 그러므로 협회에는 박사학위를 가지고 있는 사람이라든지 외국 대학에서 건축 공부를 한 사람도 많이 있습니다. 오사카나 큐우슈우 등에도 출장소가 있고 기술자의 수는 백 명이 넘는다고 합니다.

중요문화재 건조물을 가지고 있는 소유자나 자치체 등으로부터 수리 공사를 하고 싶다는 이야기가 오가면 우선 협회의 기술자가 조사를 하고 건물의 어느 부분이 손상되었는지 어떤 수리공사가 필요한지를 판단해서 공사비의 견적과 기본 설계를 행하고 그것을 당초 시공업자가 일을 맡아서 합니다. 그러나 기본 설계를 위하여 행해지는 조사는 주로 바깥에서 살펴보는 것이므로 실제로 해체하다 보면 견적과 상이한 경우도 많이 있습니다.

대규모 건조물의 시공업자는 대개 컨소시엄이라는 형태가 많게 됩니다. 대규모 건조물 공사는 금액도 대단히 크기 때문에 만일 사고가 일어날 때 보상을 감안하면 시공업자 측에서도 자금력이 없이는 할 수가 없습니다. 게다가 이러한 공사는 고생만 할 뿐 그다지 돈벌이가 안 됩니다.

그러나 컨소시엄으로 해보면 문화재 공사가 눈에 띨뿐더러 실적도 쌓게 됩니다. 그래서 대규모 컨소시엄이 공사를 맡게 됩니다.

그렇다면 궁궐목수는 어디에 소속되어 있는 것일까요? 옛날에는 사찰이나 신사 등의 시주에게 직접 고용되어 있는 경우가 많았습니다. 최근에는 사고시의 보상 문제 등이 있으므로 시주가 직접 목수를 고용하기가 어렵게 되어 시공업자에게 고용되는 식으로 되었습니다.

문화청에 고용되는 것도 아니고 문화재건조물 보존기술협회에 고용되는 것도 아닙니다. 매 공사 때마다 컨소시엄에 불려가서 수리공사 기간동안 만 거기에 촉탁 직원이 됩니다.

기술자 집단의 협회와는 별도로 기능자 단체도 있기는 있습니다. 문화재목공기술보존회라는 단체로 제가 회장을 맡고 있습니다. 문화재를 수리하는 데는 목수만 있는 것이 아니고 여러 직종의 기능자가 있어야 하는데 대형 컨소시엄에도 그런 기능자들을 항상 고용하고 있을 수도 없고 국가나 협회 측에서도 중요 건조물의 수리공사에는 경험이 많은 기능자가 참여하기를 바란다고 지도하고 있으므로 저 같은 사람이 컨소시엄에 불려가서 기능고문이라는 직함으로 일을 하는 것입니다.

대형 컨소시엄 같은 시공업자가 들어오게 되면 우리들도 안심할 수는 있지만 좋은 면만 있는 것은 아닙니다. 우선 대형 시공업자가 선정되면 실제의 일은 하청이나 재하청을 받은 데서 하게 되는 것이므로 중간 마진으로 상당히 빠져나가게 되어 직공에게 돌아오는 액수가 적어지게 됩니다. 궁궐목수는 보통 목수보다 대우가 좋은 것은 아닌가 하고 생각하는 사람도 있으시겠지만 보통 목수와 그다지 다를 것이 없습니다.

오히려 직공의 노임 계산에도 이치에 맞지 않는 이상한 면이 있습니다. 직공의 노임에도 시세가 있는 법인데 국가에서 인정하고 있는 노임은 시세보다도 훨씬 적은 것이 보통입니다. 그렇게 되면 시공업자로서는 어떻게 해서라도 시세에 맞게 올리지 않으면 안 됩니다. 국가에서 정하는 노임으로는 직공을 모집할 수 없기 때문입니다.

그러면 어디에서 조달하느냐 하면 결국은 목재 부문에 그만큼 부담시키게 되는 것입니다. 그래서 좋은 목재를 갖다 달라고 목재상에 부탁을 해도 돈이 거기에 해당하지 못하고서야 목재상으로서도 어쩔 수가 없는 것입니다. 결국 이렇게 부탁을 해보지만 나중에는 목재상의 처분에 맡길 수밖에 별 도리가 없게 되어 좋은 목재가 들어오지 않게 되는 것입니다.

문화재를 지켜가기 위해서는 어떻든지 돈이 들어가는 것은 당연한 것이지만 무턱대고 국가가 다 내주는 것은 아닙니다. 국가에서 나오는 것은 아무리 많아도 8할 까지 이고 나머지 2할은 그 지역 부담입니다.

작은 마을로서는 이것이 부담이 됩니다. 관광지가 되어서 손님들이 많이 오는 곳이라면 사찰 측에서도 여유가 있으니까 반 정도는 사찰에서 부담하기도 하지만 그런 경우는 그렇게 많지 않고 관광객이 적은 곳은 재정에 어려움을 받는 것 같습니다.

예를 들면 오노미치 정토사의 경우에는 8할이 국가 부담이고 1할이 현 부담, 나머지 1할 중 반을 시에서 부담하고 나머지 반은 사찰에서 부담했기 때문에 사찰부담은 결국 5%가 되었습니다. 그러나 5%라 해도 전체가 10억 엔이나 또는 20억 엔이나 되는 대규모 공사이므로 부담이 됩니다. 그렇다고 그것만 사용하면 뭔가 이익이 생긴다는 것도 아닙니다.

얼마를 사용해서 얼마를 벌어들인다고 하는 계산은 똑 떨어지는 것은 아니라는 것이 문화재 보존 사업입니다. 그런 식으로 주판알을 튕기는 것을 별개로 생각하지 않으면 원래의 문화재 보존 같은 것은 성립될 수 없는 것입니다. 세간에 퍼져있는 자기책임이나 수익자부담원칙으로는 문화재 보존을 할 수가 없는 것입니다. 그런 생각을 하고 있다면 일본 문화재는 얼마 안가서 없어져 버릴 것이라고 생각합니다.

청부제도의 덕택으로 대규모 수리공사가 가능하게 된 반면, 문화재 수리공사에는 아직도 개선해야할 점이 많은 현실입니다.

지키고 싶은 세계에 자랑할 만한 「나무의 문화」

문화재 수리 공사를 전문으로 하고 있는 목수는 보통의 목수와 비교하면 오히려 수입이 더 적을지도 모릅니다. 경기가 좋은 때는 목수의 노임도 높아지는 경향이 있는데 문화재 수리 목수는 경기와는 그다지 관계가 없습니다. 다른 곳에서는 2만 엔이라도 여기서는 1만 엔이라고 하는 실정입니다. 게다가 여기저기 여행하며 돌아다녀야 하는 저 같이 일하는 방식으로 하면 그 만큼 쓰는 비용도 만만치 않습니다. 돈벌이만 생각하면 신축공사를 하는 편이 훨씬 좋을 것입니다. 제가 궁궐목수를 계속할 수 있었던 것도 우연히 우리 부부에게 아이가 없었다고 하는 것이 그중 한 가지 보탬이 되었습니다.

아이가 있었다면 벌써 그만 두었을지도 모릅니다. 게다가 저는 장남이 아니라는 점도 있습니다. 장남인 형님도 목수 일을 하고 있지만 신축 공사 쪽의 일을 하고 있고, 차남인 저는 고향에 남아서 가문을 이어가야만 한다는 부담도 없었습니다. 집을 쉽게 떠날 수 있었던 것입니다.

갈수록 철골과 콘크리트 일변도로 되어가고 있고 예로부터 내려온 목조건축의 아름다움에 관심이 사라져 가고 있어 대우가 좋을 리가 없습니다. 다른 지방을 돌아다니면서 일을 하지 않으면 안 된다고 하는 면은 젊은 사람들로 궁궐목수가 되려고 하지 않게 만듭니다. 그 때문에 한 때는 문화재 일을 하려고 들어오는 젊은 사람이 상당히 줄어들었습니다. 또 들어온 사람도 결국은 계속하려고 하지 않습니다.

젊을 때는 참으면서 일을 하더라도 아이라도 낳게 되고 30대, 40대가 되면 계속하기가 어려워집니다. 교육비에다 주택대출 등 점점 돈쓸 곳이 많아지게 됩니다. 그런데다가 지방 출장이 많아서 집에도 있을 수 없게 되면 먼저 부인으로부터 불평이 나오게 되므로 계속하고 싶어도 계속할 수 없게끔 되어 버립니다.

예전에는 수리전문 궁궐목수가 더 많이 있었습니다. 그러나 수입이 좋지 않은데다가 집에 있을 수도 없기 때문에 저의 동료들로 점점 그만두게 되고 신축공사 쪽으로 옮겨가게 되었습니다. 아니 그럴 수밖에 없었다고 말해야 할 것입니다. 문화재 공사 같은 것을 하게 되면 가정을 가질 수가 없기 때문입니다. 저의 젊은 시절과 비교해 보면 지금의 궁궐목수는 정말 적어졌습니다. 그런 중에서도 어떻게 남아있게 된 것이 바로 저입니다.

야생동물의 세계에서는 절멸위구종(絶滅危惧種)이라는 것이 있다고 하는데 문화재를 전문으로 수리하는 궁궐목수도 거기에 가까운 것이 아닌가 하는 느낌을 받습니다. 정말 적어졌습니다. 예전에는 어느 현장에서도 야구팀 하나쯤은 만들 수 있을 정도의 인원이 되어서 다른 곳의 수리공사 팀과 야구시합을 하는 경우도 있었습니다. 지금은 야구시합 같은 것은 도저히 할 수가 없습니다.

최근에는 조금 회복되어 궁궐목수가 되고 싶다는 사람도 늘었다고는 하지만 일을 하는 조건은 예전과 그다지 변하지 않았다고 생각합니다. 독신이라면 좋지만 결혼해서 아이가 생기면 고생은 뻔한 것입니다. 요즘의 여자들은 입을 다물고 있지도 않을뿐더러 요즘의 젊은이들은 사치스럽게 자라서 자동차니 뭐니 가지고 싶은 것이 너무 많기 때문입니다.

국가도 문화재 수리공사에는 자금을 대 주지만 실제로 수리를 하는 궁궐목수가 충분히 생활할 수 있도록 하는 것까지는 보살 펴 주지 않습니다. 그런 시스템이 되어 있지 않은 것입니다. 젊은 사람들이 관심을 가져 주는 것은 기쁜 일이지만 유감스럽게도 상당한 각오를 하지 않으면 궁궐목수를 평생의 직업으로 삼는다 는 것은 좀 어렵다는 것이 현실이라고 생각합니다.

돈 측면에서도 문화재 수리는 아직도 생각해야할 부분이 많이 있습니다. 수리목수의 대우 문제까지 포함해서 지금의 시스템을 바꾸지 않으면 제대로 된 수리공사가 가능한 목수를 배출해 낼 수 없다고 생각합니다.

옛날 같으면 젊은 사람을 제자로서 기를 수 있는 방법도 있었 습니다만 지금은 다른 사람에게 고용되어 있는 몸이니까 도저히 그런 여유는 없습니다. 제자로 들어오고 싶다는 젊은이가 와도 결국 어딘가의 업자를 소개할 수밖에 없는 것입니다. 스승에게 달라붙어서 일을 익힌다고 하는 것은 옛날 일로 지금은 그런 방 식으로 하고 싶어도 할 수가 없는 것입니다. 스승이 곤란해져 버 립니다.

아무도 학교에서 중세의 키쿠쥬츠를 공부하지 않아도 괜찮지 만 목수의 일은 스승으로부터 직접 배우지 않으면 알 수 없는 것도 많이 있습니다. 그러나 지금은 그것을 배울 수 있는 조건이 안 됩니다. 결국 학교에서 어느 정도의 것을 배운 후에 본인이 노력해서 공부할 수밖에 없습니다. 그런 의미에서는 요즘의 젊은 이들은 불쌍한 면이 있습니다.

궁궐목수가 적어졌다고는 해도 아직 그 지역에서 일을 하고 있는 사람도 없는 것은 아닙니다. 그런데 그런 사람은 전국을 돌 아다니지는 않기 때문에 일의 범위가 아무래도 좁아지게 되어 충분한 경험을 쌓지 못하게 되고 지식도 광범위하지 못한 경우가 많습니다. 진정한 일을 알지 못하는 것입니다.

　그 결과 본인의 잘못은 아니지만 수리공사로 오히려 더 악화시키는 일도 발생하는 것 같습니다. 이렇게 되어서는 도대체 무엇을 위한 수리인지 알 수 없습니다. 그러므로 최근에는 무리하게 수리를 해서 문화재를 망가뜨리고 마는 것보다는 수리를 하지 않고 건물이 부서질 때까지 방치해 두는 편이 낫다는 극단적인 말을 하는 사람도 있을 정도입니다.

　저도 반쯤은 그 생각에 찬성합니다. 제대로 알지도 못하는 사람이 수리를 하면 수리하는 것이 아니고 파괴하는 것이 되어 버리기 때문입니다. 파괴할 정도라면 차라리 아무 것도 하지 않는 편이 좋을 것입니다. 이상한 모습으로 남아있어도 어쩔 수 없지만 한번 파괴해 버리면 원상태로 되돌리는 것은 더욱 어려운 일입니다.

　수리공사 자체에도 미묘한 부분이 있는 것입니다. 공사 책임자의 사고방식에 따라 수리하는 방법이 조금씩 달라집니다. 나무에 벌레가 먹은 구멍이 있어도 그대로 남겨두는 편이 좋다고 말하는 사람도 있고 벌레가 먹은 구멍을 메워야 한다는 사람도 있습니다. 또 고색창연함을 남겨야 한다는 측면에서 새로운 목재로 수리한 곳을 불로 그을리거나 분을 칠하는 경우도 있습니다.

　불로 그을리면 나무 결이 밖으로 나오게 되고 분을 칠하면 아무래도 고풍 색깔이 나옵니다. 그렇지만 이러한 방법들이 좋은 것인지 아닌지는 여러 각도의 관점이 있을 것입니다.

　문화재 수리에는 그런 식의 여러 가지 것들이 있습니다. 그렇기 때문에 경험이 있고 어느 정도의 지식도 갖춘 궁궐목수가 아니면 곤란하지만 좋은 목수가 없다고 해서 문화재를 전혀 수리하지 않고 부서질 때까지 그대로 방치해 두는 것은 좋을 리가 없습니다. 문화재는 그것이야말로 국가의 보물이므로 지키지 않으면 안 되는 것입니다.

  일본 국가는 풍부하게 되었고 문화재 보존에도 그 나름대로의 돈을 들이고 있습니다. 그러나 돈을 들이는 방법에 좀 문제가 있습니다. 그런 느낌이 든다는 것입니다. 경제적으로는 풍부하게 되었어도 그 돈을 사용하는 방법을 모르는 것일까요? 직공이나 목재에 부담을 떠넘기는 식의 시스템을 개선하려는 데는 누구도 손을 대려고 하지 않습니다. 그러나 이 부분은 개선되어야 한다고 생각합니다. 그것이 문화를 지키는 것이 된다고 생각합니다.

  건물을 지킨다고 하는 것은 그 만큼의 솜씨가 있는 목수나 직공이 있었기 때문에 처음부터 가능했던 것입니다. 행정가이든 학자든 그런 자리에 있는 사람들에게 돈의 사용법도 포함한 지혜를 발휘해 주기를 저는 진심으로 바라고 있습니다. 그렇지 않으면 세계에 자랑한 만한 「나무의 문화」가 완전히 사라져 버릴지도 모릅니다.

전국을 돌아다니는 「떠돌이 도편수」

- 옛날에 좋았던 "직공의 세계"

나의 출발점
- 평등원 봉황당

목수 견습공이 된 것은 17세 때의 일입니다. 1929년에 태어났기 때문에 아직 종전 직후라고 해도 좋을 시기였습니다. 그 전에는 고향인 시즈오카현 후지에다 시에서 우체국에 근무하고 있었는데 그때가 마침 목수의 일이 점점 늘어나는 시기였습니다.

저의 아버지도 궁궐목수의 도편수이셨습니다. 아사쿠사의 토리고에 신사에서도 일을 하셨고 시노하즈노이케의 천신상 건물 수리도 맡아서 하셨습니다. 그러나 전쟁이 끝난 후로는 맡겨진 신사의 일도 없어지고 공습으로 불타버린 시즈오카 역의 수리 등의 일을 하면서 겨우 먹고 살았습니다. 그러는 동안 세상이 안정이 되고 신사의 일도 조금씩 늘게 되면서 저도 우체국 일을 그만두고 아버지 일을 돕게 되었던 것입니다.

처음에는 저도 목수가 될 생각은 없었습니다. 국민학교의 고등과를 나온 것은 전쟁 중의 일이었습니다. 그 때는 남자는 모두 군대에 가야하는 시대였습니다. 국민학교의 고등과는 지금으로 말하면 중학교 1,2학년에 해당합니다. 거기를 졸업해도 군수공장으로 가든지 군대에 들어가든지 두 가지 길 뿐 그 당시는 다른 길이 없었습니다. 저도 소년병 시험을 봤지만 키가 작아서 떨어지고 말았습니다. 지금은 특별히 작은 것은 아니지만 그 때는 아직 키가 덜 컸습니다.

그래서 소년병은 포기하고 우체국에서 일을 했던 것입니다. 우체국에는 2년 정도 있었습니다. 형님은 이미 목수가 되어 있었고 아버지도 걱정을 하셨습니다. 「우체국보다도 목수가 되는 것이 좋지 않겠니?」 라고 권해서 목수가 되었던 것입니다.

형님은 저보다도 5살 위인데 전쟁 중에는 대만신궁을 건립하는 일로 대만에 가 있었습니다. 대만신궁도 매우 훌륭한 것으로 두께가 3,4척이나 되는 대만 히노키로 만든 멋진 기둥이 있다고 들었습니다. 그러나 전쟁이 격렬하게 되자 도중에 그만두고 일본으로 돌아오게 되었는데 돌아오는 도중에 타고 있던 배가 공습을 받아서 동료 여러 명이 죽었다고 합니다. 일본에 돌아와서부터는 형님은 궁궐목수로서는 여기 저기 돌아다녀야 하기 때문에 그냥 고향인 후지에다에서 일반 목수를 하게 된 것입니다.

저는 처음에는 아버지의 제자로 들어갔었는데 도편수의 아들이라고 해서 특별대우를 받는 것은 아니었습니다. 견습생으로서 보고 배웠고 일을 익히는 것도 보고 흉내를 내었습니다. 아무것도 가르쳐주지 않았습니다. 그것이 옛 직공의 교육방법입니다. 일을 훔쳐 배운다고 하는 방법인 것입니다. 선배가 하는 것을 보고 아하 그렇게 하는 것이로구나 하면서 하나씩 익혀갑니다.

자신이 그런 식으로 수업을 받았다고 해서가 아니라 저는 이러한 방법도 나쁘지 않다고 생각합니다. 옛날 직공이 제자에게 일을 가르치지 않았다고 하는 것은 무엇이 미워서 가르쳐주지 않았던 것이 아닙니다. 처음부터 모두 다 가르쳐주어 버리면 스스로 공부하려고 하는 지혜가 나오지 않기 때문입니다.

그러므로 일부러 아무것도 가르쳐 주지 않습니다. 그러면 제자는 곤란하게 되어 어떻게 해서라도 일을 익히려고 합니다. 그것으로 진정한 수업이 되는 것입니다. 필사적이 되어서 이렇게 하면 되지 않을까, 저렇게 하지 않을까 하고 자신의 머리를 짜내면서 일을 익혀가게 되면 머리와 몸으로 동시에 일을 익히게 됩니다. 또 그런 것이 없으면 응용도 못하게 되고 자기 나름대로의 지혜라는 것도 나오지 않는 것입니다. 그래서 가르쳐주지 않는 것도 하나의 교육방법인 것입니다.

학교 같은 곳이라면 기초부터 가르쳐주는 것이 당연하겠지만 직공의 세계는 학교와는 다르기 때문입니다. 이 세계에서는 누구나 들어온 사람 전부가 졸업하지 않아도 상관없습니다. 잘못하는 사람은 도중에 그만 두는 것이 좋습니다. 아니 본인을 위해서도 세상을 위해서도 그만 두어야 더 좋을 정도입니다. 확실하게 일을 잘 익히는 사람만이 남아주면 되는 것입니다.

또 설령 기초부터 가르친다고 해서 그것이 그 사람에게 맞는다고 단정할 수는 없다고 생각합니다. 프로야구의 선수들도 코치가 가르쳐준 대로 한다고는 단언할 수 없는 것이 아닙니까? 왕정치의 한발타법이나 이치로의 특유한 배팅은 가르쳐준다고 해서 누구나 할 수 있는 것은 아닐 것입니다. 각 사람의 자신에 맞는 방법이라는 것이 있는 것입니다. 그런 것은 자신만이 발견할 수밖에 없습니다. 옛날의 직공은 그것을 알고 있었던 것입니다.

옛 궁궐목수의 세계에서는 나고야의 이토우家를 모르는 사람은 없을 것입니다. 이미 십 몇 대를 계속해서 이어가는 궁궐목수의 감독과 같은 집안으로 가장은 대대로 이토우헤이자 경비관청에서 명성을 떨치고 있습니다. 현재의 가장은 대학교수가 되어 있고 그 아우는 문화재건조물 보존기술협회의 이사장으로 있습니다.

저도 이토우家에서 일을 했던 적이 있습니다. 아버지의 상사에 해당하는 사람이 계속해서 이토우家의 일을 하고 있어서 그 관계로 아버지에게 배려해 주어서 그 때 저도 함께 간 것입니다.

아직 스물두세살 때의 일입니다. 했던 일은 뉴욕에 출전할 건물 모형을 만드는 것이었습니다. 록펠러 재단으로부터 의뢰를 받아서 일본 전통적인 건물은 어떤 것인지를 알 수 있도록 하는 것을 상대편에게 가지고 가야 한다는 이야기였습니다.

저는 우지의 평등원 봉황당과 실생사 오중탑의 모형을 만드는 일을 했습니다. 궁궐목수의 세계에서 모형을 만드는 것은 흔히 있는 일입니다. 모형이라고는 하지만 자세한 부분까지 원래의 건물과 똑같이 만들어야 하는 것이므로 그 나름대로의 지식도 필요하고 기술도 있어야 합니다. 모형 만들기를 전문으로 하는 목수도 있을 정도입니다. 그 때의 모형은 50분의 1 정도의 크기였습니다. 모형뿐만이 아니고 본래 건물의 차실까지도 만들었기 때문에 상당히 손이 많이 가는 일이었습니다.

이 일은 좋은 공부가 되었습니다. 아버지는 어느 쪽이냐 하면 궁궐목수지만 신축을 주로 하는 쪽이었고 저도 아직 궁궐목수가 된지 얼마 안 되었기 때문에 이 일을 하기 전 와카야마의 기삼정사 다보탑과 사이타마의 고창사 관음당 수리공사의 두 가지 경험밖에 없었습니다. 그러나 모형을 만들었던 것 덕분에 전통적인 일본 건축의 기본적인 것을 처음부터 공부할 수가 있었습니다. 기삼정사나 고창사도 중세 무로마치시대에 건립된 것입니다. 처음부터 중세와 인연을 맺게 된 것인데 그 후에 모형 만드는 일을 하게 된 것입니다.

모형이기 때문에 크기는 본래 건물과 다르지만 마스나 히지키나 휜 처마 곡선에서도 진짜와 똑같이 만드는 것입니다. 그래서 어떤 나무 조립으로 되어있는지 잘 압니다. 이미 실제의 공사 경험에서 해보았던 것이라고 말할 수도 있지만 진짜 건물에서는 거기까지 다 해보지는 않았기 때문입니다. 기술적인 면에서 공부가 되는 동시에 일본 건축의 아름다움에 대해서도 새삼 눈을 뜨게 되었다고 생각합니다. 특히 평등원 봉황당은 정말로 아름다운 건물이라고 생각합니다. 십 엔짜리 동전에 새겨져 있는 건물이 평등원 봉황당입니다. 그것이 제가 궁궐목수로서 실질적인 출발점이 된 작업이었습니다.

기삼정사에서 만난 은사로부터 배운 것

기삼정사 다보탑 수리공사는 아버지가 도편수였지만 다음의 고창사 관음당부터는 아버지와 떨어져서 혼자서 다니게 되었습니다. 기삼정사의 수리공사에서는 문부성(현재의 문부과학성)에서 문화재를 담당하고 있던 모토다쵸우지로씨라는 분과 알게 되었고 그 이후 모토다씨의 소개로 일이 많아지게 되었습니다.

저 같은 떠돌이 목수는 다른 사람과 함께 일을 하는 경우가 많게 되는데 저에게 가장 많은 도움이 되었던 것도 모토다씨였습니다. 모토다씨는 목수는 아니었지만 저에게 있어서는 은사 같은 분이셨습니다.

동경 미대(현재의 동경미술대학) 건축과를 졸업한 사람으로 당시 미대의 건축과에는 학생들이 10명 정도 밖에 없었다고 하니까 대단한 엘리트인 셈입니다.

모토다씨의 문화재에 관한 열정은 대단합니다. 옛것에는 절대로 홈을 내어서는 안 된다는 것이 철칙이고 어딘가를 보수할 때도 반드시 판을 대고 보수하라고 하십니다. 문화재 수리라는 일의 엄격함을 가르쳐 주신 분입니다.

문화재에 관련된 일을 하고 있는 사람들 중에도 역시 착실하게 자기 혼자서 잘 하는 사람도 있겠지만 처음에 모토다씨 같은 사람을 만났다는 것은 저로서는 행운이었다고 생각합니다.

젊을 때 만난 사람이 대단히 중요하다고 생각합니다. 처음에 만났던 사람이 모토다씨가 아니고 더 좋은 사람이었더라면 저도 다른 인생길은 걷고 있을지도 모르겠다는 생각마저 듭니다.
　모토다씨는 한달에 한번이나 두 달에 한번씩 기삼정사에 와서 공사 진행 상태를 점검합니다. 한번 오면 언제나 밤중 11시나 12시까지 열심히 조사를 합니다. 그러나 큰소리를 낸 적은 한번도 없습니다. 엄격함을 가슴에 묻어두는 것입니다. 우리들에게 잔소리를 하는 경우도 일절 없습니다. 말투도 항상 상냥합니다.
　기삼정사에 있을 때 현장 감독은 사토우씨라는 분으로 미대에서 모토다씨와 동기동창이었고 미대를 졸업한 후에는 우츠노미야에서 신축공사 일을 하고 있었는데 모토다씨가 끌어와서 기삼정사의 현장 감독 일을 했습니다. 사토우씨도 그 후 문부성에 들어갔습니다. 이 분은 전시 중에는 장교생활을 했는데 기삼정사의 공사는 1950년경이었으니까 전쟁이 끝난 후로도 상당한 기간이 지난 때인데도 아직 장교 분위기에서 벗어나지 않았는지 군용장화를 신고 허리에도 수통을 차고 활기차게 현장을 걸어 다녔던 모습이 인상적이었습니다.
　세상에는 어떤 일을 하고 싶다고 하는 강한 의지를 갖고 그 세계에 뛰어드는 사람도 있지만 저의 경우는 어느 편이냐 하면 물 흐르는 대로 맡겨둔다는 식으로 자연스럽게 궁궐목수가 되었다는 느낌입니다. 그것도 어딘가의 사찰에 전속된 형태도 아니고 떠돌이 목수가 되었습니다.
　옛날에는 잠시나마 사찰에는 사찰전속 목수가 있었습니다. 또 부잣집에도 전속으로 출입하는 목수나 하인이 있었습니다. 그런 집에서 애경사나 화재, 태풍 등이 있을 때는 출입하는 목수나 하인이 활약했던 것입니다.
　옛날의 부자들은 요즘의 부자들보다도 훨씬 여유가 있었던 것 같은데 그 중에서도 언제나 집에서 건축보수공사의 소리가 나지 않으면 기분이 좋지 않다는 사람도 있었습니다. 그러나 전쟁이 끝난 후부터는 사찰목수나 건축보수공사의 취미를 즐기던 부자들도 줄어들게 되었습니다. 만약 저도 사찰목수나 부잣집 전속목수였더라면 그 나름대로의 고생을 했을 것입니다.

궁궐목수도 나름대로의 고생이 없는 것은 아니지만 똑같은 고생을 한다면 아직은 궁궐목수가 더 좋습니다. 지금은 그렇게 생각합니다. 궁궐목수가 되지 않았다면 중세 목수들의 지혜나 솜씨가 얼마나 대단한 것인지를 지금도 알지 못한 체 지내고 있었을 것이기 때문입니다.

 다른 사람의 밥을
먹어 보아야 인내를 안다

기 삼정사 다음으로 가게 된 사이타마의 고창사 관음당 일은 오랫동안 하지는 않았습니다. 그 때 도편수가 새로 왔는데 그는 막스 레닌주의의 책을 서재에 진열해 두고 있었습니다. 그리고 매일 밤 공산주의 이야기만 했습니다. 금방 이것은 빨갱이라는 생각이 들었습니다. 빨갱이 도편수이었습니다. 이런 곳에서 있으면 자신도 공산당원이 되어버리고 말 것이라는 생각에 2개월 정도 있다가 도망쳐 나왔습니다.

이 도편수와는 음식 취향도 맞지 않았습니다. 음식 취향까지 바꿔가야만 했는데 된장국에 고추를 넣지 않으면 용서하지 않았습니다. 조금만 넣는다면 참을 수도 있지만 잘게 썬 고추를 산처럼 많이 집어넣지 않으면 안 된다고 했습니다. 그렇게 하면 펄쩍 뛸 정도로 매운 된장국이 됩니다. 그런데다가 숙소에는 수도가 연결되지 않아서 50미터 정도 떨어진 이웃집까지 매일 물지게를 지고 물을 길러 가지 않으면 안 되었습니다. 그것도 된장국을 만드는 것이나 물을 길러 가는 것이나 모두 가장 어린 저의 일이었습니다.

비행기의 소음도 심했습니다. 고창사 바로 옆에는 미군 존슨 기지가 있어서 폭격기나 전투기가 저공비행을 자주 합니다. 그 때가 한국전쟁 중이었으므로 이 소음은 장난이 아니었습니다. 고창사 건물은 재미있는 것이었지만 이런 악조건이 몇 개나 겹쳐 있어서야 도저히 버틸 수가 없었습니다. 저는 어디를 가더라도 그렇게 불평불만을 많이 하는 스타일은 아니고 도중에 일을 집어치우는 성격도 아니지만 이 때만은 어쩔 수가 없었습니다.

옛 직공의 세계에서는 어린 사람은 밥 짓는 것에서부터 목욕물을 데우는 일까지 잡일은 뭐든지 해야 했습니다. 전기밥솥 같은 편리한 것이 없었던 시대였으므로 가마솥에 밥을 지었는데 깜박하고 태우기라도 하면 꾸중을 듣습니다. 그렇지만 밥 짓는 일이나 목욕물 데우는 일도 수업의 하나입니다. 나고야의 이토우家에서 일을 할 때에는 15, 6명의 동료들이 있어서 그 일을 함께 했습니다.

저도 쇼와 시대에 태어났기 때문에 남자는 부엌에 들어가지 않아야 한다는 말을 듣고 자랐지만 당시 현장에서는 그런 것이 통하지 않습니다. 아무리 잘난 체 하는 젊은이라도 불평도 한마디 하지 못하고 밥을 짓고 목욕물을 데워야 했던 것입니다.

더군다나 어느 현장에도 숙소는 양철 판으로 둘러싼 것 같은 조잡한 건물이어서 잠잘 때는 한 곳에서 모두 함께 자는 것이 보통이었습니다. 물론 TV 같은 것은 없었습니다. TV가 들어오게 된 것은 한참 후의 일입니다. 그래서 무슨 일이건 잡일은 다 해야 했고 일을 잘 가르쳐주지도 않았기 때문에 정말 힘들었습니다. 요즘의 젊은이라면 3일도 못 버티고 도망쳐 나올 겁니다.

일에 따라서는 1년이나 2년도 걸리는 것이 있으므로 집에 돌아온다는 것은 기약이 없었습니다. 그것이 바로 문화재를 수리하는 떠돌이 목수의 생활입니다. 저는 어릴 때부터 그런 일을 계속 해왔습니다. 줄곧 다른 사람의 밥을 먹었던 것입니다. 다른 사람과 함께 생활했기 때문에 참지 않으면 안 되는 경우도 많이 있었습니다.

그러나 다른 사람의 밥을 먹음으로써 인내라는 것을 배우게 되었습니다. 또 그런 중에서 알게 된 사람과 우정을 계속 지켜나 갈 수 있었던 것입니다. 생사를 같이 나눈 전우의 우정은 친형제 보다도 깊게 된다는 것과 비슷한 것입니다. 같은 솥에서 밥을 먹 은 동료이기 때문입니다.

 그 때는 잘 몰랐지만 지금에 와서 뒤돌아보니까 젊을 때 이렇 게 고생한 것이 정말 좋은 것이었다고 생각합니다. 요즘은 마마 보이라고 해서 청년이 되어서도 부모슬하를 떠나려고 하지 않는 사람들이 늘고 있다고 하지만 이래서는 곤란합니다. 언제까지나 부모슬하에 있으면 인내를 배울 수가 없는 것입니다. 어린이가 잘못된 길을 가는 것도 인내를 가르쳐주지 않았기 때문입니다. 그래서 최근 이상한 사건이 많이 일어나고 있습니다.

 세상에 나오면 참지 않으면 안 되는 일이 많이 있습니다. 그런 것이 세상이라는 것입니다. 제멋대로 하는 것은 자기 집에서나 통용되는 것으로 일단 밖에 나오면 그렇게 제멋대로 해서는 안 되는 것입니다.

 요즘의 아이들도 그 정도는 알고 있을 것입니다. 아니 너무 잘 알고 있습니다. 어려서부터 집안에서와 밖에서 자신을 구별하여 행동하는 것을 몸에 익히면서 자라납니다. 자신을 지키기 위해서 밖에서는 친절하게 보이는 것이 좋습니다. 그것을 잘 하다보면 이지메(집단 괴롭힘)가 있더라도 자신이 불쌍하게 보이지 않도록 행 동할 수 있게 됩니다.

 우리들이 어릴 때도 이지메는 있었지만 도와주는 편에 서있는 아이들도 있었습니다. 지금은 이지메를 가하는 아이들만 있고 도 와주는 편에 있는 아이들은 없다고 하지 않습니까? 우리들이 어 릴 때는 때리거나 맞는 일이 허다했습니다. 그래도 어느 정도껏 했습니다. 골목대장이 있어서 거만하게 굴기는 했지만 요즘 아이

들처럼 돌연히 당치도 않은 폭력을 휘두르지는 않았습니다.

　어린이들 세계는 어른들 사회의 축소판이라고 할 수 있는데 그 중에서 도리에 맞지 않는 일이 있더라도 참는 가운데서 건장하게 성장하는 것입니다.

　어린이의 생명력이라는 것은 어른들이 생각하는 것 이상으로 강한 것입니다. 저도 소학교에 들어갈까 말까 하던 어린 나이에 다리 위에서 강으로 떨어져서 어푸어푸 거리면서 헤엄을 쳐서 나왔던 기억이 있습니다.

　지금은 부모나 자식이나 너무 편한 것이 아닙니까? 부모는 완고하지만 아이들은 제멋대로 장난이 심한 아이로 자라나도 상관이 없다고 생각해 버리는 것이 문제입니다.

「도편수」가 되기 위하여
필요한 것은 무엇인가

최초로 도편수를 맡게 된 것은 시가현 가모우군 나무라신사의 수리공사 때였습니다. 거기서 1956년부터 1958년까지 3년간 일하게 되었습니다. 동서쪽 본전의 수리 공사였는데 동쪽 본전이 중요문화재이고, 서쪽 본전이 국보로써 저로서는 처음으로 국보를 수리했던 일이기도 합니다.

나무라신사를 수리하기 전에는 기삼정사에서 일했을 때 알고 지내던 모토다씨의 소개로 이시가와현 하쿠이시의 묘성사 개산당 수리 공사를 했는데 그 때 알게 된 현장 주임의 알선으로 시가현의 나무라신사에 가게 된 것입니다. 여러 군데서 일을 하게 되는 동안에 자연히 아는 사람이 많아졌고 그런 연줄로 일이 늘어갔습니다. 이런 점은 다른 업종과 그다지 다를 게 없습니다.

도편수가 되었다고는 하지만 아직 27, 8세 밖에 안 되었기 때문에 항상 긴장하고 있어야 했습니다. 제 밑에는 그 지역의 젊은 이들이 몇 명 딸려서 일을 했습니다. 그 지역에서 목수를 하고 있는 사람들은 농사일을 하면서 틈틈이 목수일도 하는 사람이 많았는데 그 때 딸려있던 사람들도 대부분 농사를 짓고 있었습니다. 일의 흐름에 따라서 많을 때는 7, 8명이고 적을 때는 2, 3명이 같이 일했습니다.

나무라신사의 건물이 창건된 것은 국보인 서쪽 본전이 더 빨라서 가마쿠라시대인 1315년이고, 중요문화재인 동쪽 본전은 무로마치시대인 1440년경입니다. 서로 125년 정도의 간격이 있습니다. 양쪽 다 훌륭한 건물이지만 수리공사 치고는 그렇게 어려운 공사는 아니었습니다.

일의 어려움이라는 점에서 보더라도 사찰의 경우가 더 어려운 것입니다. 나무라신사의 수리 공사는 젊은 도편수에게는 딱 맞는 일이었는지도 모릅니다.

그 이후에 40년 이상 사찰 일을 맡아서 하게 되었는데 어딘가 모르게 도편수로서 업무의 핵심을 깨닫게 된 것은 최근의 일입니다. 젊을 때는 자기의 기술에 자신이 있어서 자기보다 못한 사람에 대하여 속으로 욕하거나 깔보는 경향이 있습니다. 그러나 그렇게 되면 좋은 직공을 길러내지도 못하게 되고 좋은 업적도 이룰 수가 없는 것입니다.

【처음으로 도편수로 일했던 국보 나무라 신사 서쪽 본전(시가)】

지붕은 아름다운 히와다부키(히노키 껍질 지붕)

도편수 정도가 되면 나무를 어떻게 살려야 하는가 라는 것처럼 사람을 어떻게 살려서 활용할 수 있을지를 생각해야만 합니다. 일의 속도가 늦는 사람도 있고 빠른 사람도 있습니다. 자기가 잘하는 부분의 일과 못하는 부분의 일이 있는 것입니다. 그런 것을 잘 파악해서 전체적인 일의 흐름 속에서 기능을 최대한 발휘하도록 업무를 잘 분장하는 것이 가장 중요한 것입니다.

저는 각각의 직공이 하는 일에 대하여 그다지 불평불만을 하거나 참견을 하지 않습니다. 윗사람이 시켜서 하는 일은 역시 좋지 않기 때문입니다. 개개의 직공이 얼마만큼 자신의 일에 흥미를 갖고 자신의 솜씨를 발휘하느냐에 달려있는 것입니다. 그것이 가장 중요한 것입니다. 잔소리와 꾸중만 하다 보면 뭔가 성과도 나오지 않고 오히려 역효과가 나서 일이 잘 되어가지 않습니다.

이런 것들을 알게 될 때까지는 역시 많은 수고가 있었습니다. 저는 떠돌이 도편수이었기 때문에 하나의 수리공사가 끝나면 다음 수리공사에서는 또 다른 직공들과 일하지 않으면 안 되었습니다. 항상 똑 같은 팀이면 성격을 다 알기 때문에 쉽게 일할 수 있겠지만 새로운 수리공사가 시작될 때마다 인간관계도 새롭게 구축하지 않으면 안 되는 것이었습니다.

그래서 몇 개의 직공 집단을 만들게 되었는데 좋은 직공 집단이 되려면 그 수리 현장이 밝고 명랑해야 합니다. 분위기가 침울한 현장은 좋지 않습니다. 밝고 명랑한 현장을 만드는 것도 도편수의 역할인 것입니다. 저는 말주변이 없기 때문에 분위기를 잘 맞추는 역할을 해 주는 직공이 있으면 도움을 많이 받습니다.

현장 분위기를 명랑하게 끌어올리는 사람의 힘을 빌려와서 수리공사 전체에 관심을 가지고 돌아보면서 요소요소를 챙겨 나갑니다. 솜씨가 좋은 목수라는 것과 좋은 도편수라는 것은 또 다른 별개의 능력이 필요한 것인지도 모르겠습니다.
　그러나 목수인 도편수는 솜씨도 뛰어나야 하고 업무의 관리능력도 우수해야하는 양쪽 모두가 요구됩니다. 그런 가운데서 여러 가지 것들을 몸에 익히면서 지내온 것이 40년이 되었습니다.
　도편수로서 떠돌아다닌 지방 중에는 문화재에 대하여 어떤 사고방식을 가지고 있는 것인지 좀 의문이 남는 곳도 있습니다. 무리하게 문화재로 지정한 곳도 있기 때문에 수리다 뭐다 해서 돈만 들어간다고 생각합니다. 문화재 같은 것은 없는 편이 낫다고 생각하는 지방자치체 수장도 있습니다.
　특히 제가 어렸을 때는 국가 전체가 가난했기 때문에 그런 곳이 있었던 것입니다. 최근에는 옛 고을이 있는 것을 중요시 여기고 사찰이나 신사의 옛 건물에도 관심이 높아지고 있기 때문에 문화재 같은 것은 없는 편이 낫다고 생각하는 사람은 많지 않게 되었습니다.
　문화재에 대한 사고방식의 차이로 우리 목수들에게도 잘 대해 주는 곳이 있고 그렇지 못한 곳이 있습니다. 소중하게 여겨 주지 않고 잘해주지 않는다고 해서 일이 틀려지는 것은 아니지만 우리들도 사람이기 때문에 잘 해 주는 곳에 잘못된 마음을 가질 수가 없고 그런 현장에서 맺어진 인간관계는 오래갑니다. 우선 그 지방에 호감이 가게 됩니다.
　작년 가을에는 10년 전에 수리 공사를 했던 후쿠시마현 키타카타에서 그 당시의 동료 목수들이 술집에 모여서 즐겁게 한날 밤을 지냈습니다. 키타카타에서의 일은 중요문화재인 승복사 관음당 수리 공사였습니다. 무로마치시대인 1568년에 창건된 건물입니다. 이런 모임은 참 좋은 것입니다. 사찰의 주지와도 사이좋게 지냈습니다. 최근 젊은 주지로 바뀌게 되면서 자연스럽게 인연이 멀어지고는 있지만 10년간이나 거기 사찰의 주지와는 교제가 계속되고 있습니다.

일본 각 지방별로
다른 「문화 차이」

궁궐목수는 손끝 솜씨도 중요하지만 문화재 수리에서는 솜씨와 동시에 미적 감각 같은 것도 중요합니다. 건물을 보고 어디에 그 아름다움의 포인트가 있는지 이해할 수 없으면 곤란합니다. 그것이 기본이라고 말해도 좋을 것입니다. 또 역사에 관해서도 조금은 알고 있는 편이 좋습니다. 건물 자체만이 아니고 누가 그 땅을 다스렸는지 그런 것도 알고 있어야 건물도 잘 알 수 있고 시대 판별에도 도움이 됩니다.

실제로 어떤 건물을 수리할 때 주변의 건물까지 조사하고 그 지방의 문화 같은 것까지 조사하는 경우가 있기 때문입니다. 세토나이의 건물에 있어서도 어딘가 하나의 건물만 봐서는 세토나이 문화 가운데서 생겨난 것인지 알 수가 없습니다.

예를 들면 세토나이의 특유한 것으로서 「메기서까래」라는 것이 있습니다. 수염처럼 휘어진 모양으로 만들어진 서까래로 향배 부분에 사용합니다. 이것도 휜 처마를 나타내기위한 지혜중 하나인데 나라의 건물에서는 이런 것을 볼 수 없습니다. 나라시대의 건축 밖에 모르는 사람에게 메기서까래라는 말을 하더라도 못 알아들을 것입니다.

메기서까래 하나만 하더라도 여러 가지 면을 조사해서 그것이 세토나이 건축의 특징이라는 것을 알아내는 것입니다. 그러나 요즘은 그런 것이 책에 다 나와 있습니다. 그래서 건축에 관한 지식은 일을 해보면 자연히 알게 된다는 면도 있지만 어느 정도는 역사나 문화를 공부하는 것을 포함해서 눈앞에 닥친 일과는 별도로 공부할 필요가 있는 것입니다.

후쿠시마의 키타카타에서도 중세의 건축 기술은 간사이 지방으로부터 동해(일본사람들은 일본해라고 부릅니다)를 건너 니이가타를 경유해서 강변으로 올라오고 있습니다. 중세시대의 에도는 아직 허허벌판 같았기 때문에 아무래도 그렇게 될 수밖에 없었겠지만 키타카타에는 지금도 간사이 문화가 남아 있습니다.

문화가 강변에 전해졌던 것은 옛날에는 강이 간선도로 같은 역할을 담당하고 있었기 때문이라고 합니다. 차도 철도도 없었으니까 물건을 대량으로 운반하려면 배가 가장 손쉬운 방법이었을 것입니다. 지금도 남아있는 옛 건물은 대부분이 강 근처에 있습니다. 동대사에서 사용된 질 좋은 목재도 키즈강을 통해서 운반했다고 합니다. 근처에 큰 강이 없어도 수로나 운하를 만들어 철도 노선처럼 이용하였습니다. 또 세토나이에는 바다가 있습니다.

동일본에도 태평양과 동해라는 바다가 있지만 모두다 대양으로 파도가 높습니다. 그런데 세토나이는 연안의 바다이므로 잔잔합니다. 옛날 일본에서는 서일본 쪽이 문화가 더 발달했는데 거기에는 세토나이가 기여한 역할도 컸다고 생각합니다.

건축이라는 것은 상당히 재미있는 것으로 시즈오카현의 후지에다에서 태어난 저는 어릴 때부터 기둥과 기둥 사이는 중심으로부터 측정한 6척(약 1미터 82센티)이 기본이라고 배웠습니다. 기둥 중심으로부터 중심까지의 거리가 6척이라는 것입니다. 그런데 간사이 지방에 가보니까 측정방법이 틀립니다. 중심으로부터가 아니고 기둥 안쪽 사이 간격이 6척이었습니다.

안쪽 사이라고 하면 알기 힘들지 모르지만 기둥이 두개가 있다고 치면 각각 기둥이 서로 바라보고 있는 면으로부터 면까지

6척이라고 하는 것입니다. 그렇다면 기둥과 기둥 사이는 간사이 지방이 기둥 한개 만큼 넓어지고 있는 것입니다. 그래서 간사이에 가면 집이 크게 보이는 것입니다.

기둥의 길이도 간토우 지방과 간사이 지방이 다릅니다. 간토우 지방에서는 12척이 기본이지만 간사이 지방에서는 13척 5촌으로 1척 5촌(약 45센티)이 더 깁니다. 그래서 간사이 목재를 간토우 지방으로 가지고 오면 위를 잘라서 짧게 해야 사용할 수 있습니다. 반대의 경우는 사용할 수 없습니다. 그 외에도 지방에 따라서 미묘한 차이가 있는데 이러한 것도 알고 있으면 어딘가에 도움이 되는 것입니다.

기둥과 기둥 사이의 측정방법에는 척이나 촌과는 다른 별도의 측정 방법도 있습니다. 이것도 일본 건축 세계에만 있는 독특한 것인데 서까래와 서까래 사이를 기준으로 해서 얼마라고 계산하는 것입니다. 어떤 서까래와 그 옆에 있는 서까래의 간격을 각각 중심으로부터 중심까지 측정을 해서 그 거리를 1지(支)로 합니다. 이 「지」가 단위가 됩니다. 예를 들면 A라는 기둥과 B라는 기둥이 나란히 서 있을 때 이 A와 B 사이에 있는 支가 19라면 19支라고 헤아립니다. 支의 길이는 정해져 있는 것이 아닙니다. 당연히 서까래의 크기나 간격에 따라서 1支의 길이도 변하는 것입니다.

기둥과 기둥 사이의 간격인 支의 수가 우수인 경우는 드물고 대부분 기수로 되어 있습니다. 불교나 신도의 세계에서는 7 5 3 이라든지 13참배라고 말하는 것에서도 잘 알 수 있듯이 예로부터 기수를 더 좋아하고 있는 것 같은데 支의 수도 그것과 비슷하다고 생각합니다.

여러 지방을 다니면서 항상 이상하게 생각하는 것은 도시로부터 떨어진 곳에서도 연호가 바뀌면 그 연락이 곧 바로 전달되었다는 것입니다. 전화도 TV도 없을 때니까 지방이라면 조금은 늦게 그 정보가 전달되는 것이 보통이라고 생각되겠지만 그렇게 까지는 늦지 않았다는 것입니다. 이러한 점을 봐서도 옛날 사람들이 우리가 생각하는 것처럼 그렇게 수준이 낮았던 것은 아니라는 느낌이 듭니다.

목수라는 일 중에는 주지와 교제하는 것도 있습니다. 그래서 옛 목수들은 여러 가지 예법도 어느 정도는 알고 있었습니다. 나고야의 이토우家에 갔을 때에 놀란 것은 함께 일을 했던 사람으로 나이가 많은 목수는 모두 차를 끓이는 방법을 잘 알고 있다는 것이었습니다. 코미디에 나오는 곰 모양을 한 팔방미인과는 차이가 있습니다. 옛날에는 잠깐 남의 집에 가더라도 말차 정도는 내 놓아야 하기 때문에 목수라고 해서 그 정도를 알고 있지 않으면 안 되었던 것입니다.

나고야뿐만이 아니라 큰 성이 있는 곳에서는 그런 경향이 있는 것 같습니다. 성을 중심으로 발달한 도시에서는 좋은 순일본식 과자가 있는 곳이 많습니다. 이것도 차와 관계가 있다고 생각합니다. 카나자와 라든가 마츠에 등이 그런 곳입니다.

이토우헤이자 경비관청에서 함께 일했던 목수 중에는 茶의 스승 자격증을 가지고 있는 사람도 있습니다. 송월류파 라고 말하고 있습니다. 그러나 목수가 주업이므로 다도(茶道)라고는 하나 특별한 것은 아닙니다. 취미로 해서 알고는 있어야 한다는 정도이기 때문입니다. 차에 대한 것이 있으면 꽃에 대해서도 잘 아는 목수가 있어야 하지만 그것은 예상만큼 많지 않습니다. 꽃의 스승이 될 정도의 사람도 있는지는 모르겠으나 그런 목수가 있다는 말은 그다지 들어보지 못했습니다.

요즘의 목수는 옛날과 비교하면 일은 편해졌는지 모르지만 새로운 건자재가 자꾸자꾸 나오니까 그것을 다 기억하는 것이 꽤 어려우리라고 생각됩니다. 우리들은 보통 건물을 신축하는 일은 거의 하지 않으니까 집을 지어달라는 부탁을 받으면 매우 난처해집니다.
　우선 신축에는 그다지 흥미를 가지지 못했고 최근의 건자재도 잘 알지 못합니다. 사찰 일을 잘 하는 사람이라고 해서 아마도 어떤 것이나 건립할 수 있을 것이라고 생각하겠지만 단지 그런 일을 전문으로 하는 목수와 비교하면 일하는 방법도 상당히 틀려서 필요이상으로 손질을 많이 해야 합니다. 전동공구보다도 옛날부터 내려온 대패나 톱을 사용하기를 좋아할 것입니다. 옛날의 부자들 중에는 일부러 궁궐목수를 불러서 집을 짓도록 한 사람도 있다고 합니다만 지금은 그런 사람은 없을 것입니다.
　궁궐목수의 공부는 신축전문 목수와 좀 다른 것입니다. 옛날의 건축방법을 알고 있지 않으면 안 됩니다. 그리고 역사나 문화도 어느 정도는 알고 있어야 합니다. 공부해야 할 것들이 너무 많습니다. 하물며 중세 키쿠쥬츠 까지 배우려고 하면 정말 힘이 들 것입니다. 모든 것을 다 알고 있는 사람은 없으니까 스스로 건물을 자세히 살펴보고 이것저것 연구해야 합니다. 시간이 아무리 많아도 부족할 지경입니다.
　저 자신도 살아있을 동안에 중세의 키쿠쥬츠를 완벽하게 마스터할 수 있을지는 자신이 없습니다. 그래서 궁궐목수의 공부는 끝이 없는 것입니다. 책 한권이면 다 알 수 있는 편리한 교과서도 없을뿐더러 알 수 없는 부분이 너무 많아서 어디까지 해야 끝이라는 것이 없습니다. 최근에 대학을 졸업한 사람들 중에 궁궐목수가 되고 싶다는 경우도 있지만 대학에서 이론을 공부했다고 해서 그것으로 공부가 끝났다고 생각하면 곤란합니다. 궁궐목수는 평생 동안 공부를 계속해야 하는 것입니다.

 국분사는
왜 사라져는가.

저는 약 2년 전부터 야마쿠치현 호우후시 스오우 국분사 금당 수리 공사를 하고 있습니다. 이 공사는 1997년에 시작되어 2005년에 끝날 예정입니다. 사찰이 창건된 것은 나라시대였지만 당시의 건물은 화재로 소실되어 버렸습니다. 지금 있는 건물은 에도시대인 1788년에 모우리家에 의해서 재건된 것입니다. 양식으로서는 절충양식이 주를 이루고 일부는 카라요우(당나라풍 양식)도 섞여 있습니다. 재건된 것이라고는 하더라도 이만큼 큰 규모의 국분사는 그리 많지 않습니다. 중요문화재로도 지정되어 있습니다.

그러나 어딘지 모르게 전부 다 에도시대의 건물인 것 같지는 않습니다. 해체조사에서는 에도시대보다도 그 이전 시대의 목재가 발견되었고 불상 밑의 수미단 형식도 어느 부분에서는 무로마치 시대의 것이 남아 있습니다. 역사가 깊은 사찰이기 때문에 자세히 조사를 해 보면 여러 가지 것들이 발견됩니다. 그래서 문화재는 해체해 보지 않고서는 진정한 것을 알 수가 없는 것입니다. 겉모양만 비슷하게 흉내 낼 수 있기 때문입니다. 그러나 사용한 목재를 살펴보면 어느 시대 것인지 대부분 알아낼 수 있습니다.

이 공사에는 저를 포함해서 목수가 4, 5명 되고 그 외에 잡일을 해 주는 사람이 한두 명 들어와 있습니다. 건물이 크다고 해서 한꺼번에 많은 사람을 투입하여 공사를 빨리 끝내 버리는 식의 일을 할 수 없는 것이 문화재 수리공사입니다.

국분사는 쇼우무천황의 명령으로 전국에 건설하게 되었는데 가마쿠라시대 까지 대부분이 사라져 버렸습니다. 국가적인 큰 사업이었음에도 불구하고 그다지 뿌리를 내리지 못한 것 같습니다.

국분사 건물은 어디에 있든지 훌륭한 것이었습니다. 장방형의 넓은 부지에 금당과 강당, 탑, 문, 종루, 경장 등을 배치하고 칠중탑이 있는 곳이 많았습니다. 칠중탑은 남아있는 낡은 건조물로부터 추정해 보면 60미터 정도의 높이였음에 틀림없을 것이라고 합니다. 그러나 칠중탑을 포함한 창건 당시의 모습 그대로 남아있는 곳은 한 군데도 없습니다. 같은 시대에 지어진 건물로 지금까지 남아있는 것이 얼마든지 있는데도 불구하고 국분사는 어째서 남아있지 않은 것일까요?

그 이유는 국가에서 지은 사찰로 절에 시주하는 사람의 집이 없었기 때문이라고 생각합니다. 사람들의 신앙심이라는 버팀목이 없으면 사찰도 황폐해져버리는지도 모르겠습니다.

신앙심은 전체 일본 중에서 서일본 쪽이 강한 것 같습니다. 오노미치에서 일을 하고 있을 때는 원주민들이 매일같이 성묘(참배)하러 오는 것을 보고 놀랐습니다. 저의 고향인 후지에다 주변에서는 성묘하러 가는 것은 제삿날이나 오히간(역자 주 : 춘분 추분의 절기)이나 오본(역자 주 : 추석 비슷한 절기)일 때 정도입니다. 신앙심과 조상을 섬기는 마음이 강하다고 하는 것도 서일본의 사찰에는 옛 건축물이 많이 남아있는 이유 중 하나라고 생각합니다.

궁궐목수도 나름대로 신앙심이 있는 편이 좋다고 생각할 수도 있지만 너무 지나쳐도 곤란할 것입니다. 저도 사찰 건물에는 관심이 많지만 종교 그 자체에는 관심이 적은 편입니다. 신도 부처도 믿지 않는다는 것은 아니지만 그냥 평범하게 지내는 보통 사람입니다. 심심풀이로 나무를 잘라서 구멍 뚫은 곳에 불상을 만드는 흉내를 낼 정도이고 어느 종파가 아니면 절대 안 된다는 강한 신앙심은 전혀 없습니다.

우리 집 종파는 조동종으로 선종이지만 일을 하고 있는 사찰이나 그 근처에서 좌선을 할 기회가 있더라도 참선 등은 하지 않습니다. 그러나 궁궐목수는 오히려 그 정도면 된다는 생각도 듭니다. 어떤 종파에 너무 심취되어 있으면 일하는데 지장이 될지도 모르기 때문입니다.

특히 저처럼 여러 군데 사찰 일을 하고 있는 사람에게는 그 정도가 꼭 알맞은 것이 아닐까요? 자기는 어떤 종파이기 때문에 다른 종파의 사찰 일은 할 수 없다는 식이 되어서는 곤란할 것입니다. 일과 자신의 종교와는 별개이기 때문입니다.

그래도 종파에 관해서는 어느 정도 알고 있는 편이 좋다고 생각합니다. 예를 들면 사찰에서 가장 높은 스님을 부르는 말 하나에 있어서도 종파에 따라서 관장이라고 부르는 곳도 있고, 산주라는 곳도 있고, 혹은 관주라든가 원가라고 불러야 하는 경우도 있습니다. 깜박하고 틀리게 부르면 실례가 되기 때문에 궁궐목수라면 그 정도는 머리 속에 넣어 두어야 좋을 것입니다.

주지 중에는 술을 좋아하는 사람도 있어서 그런 곳에서는 일이 끝날 무렵 주지가 불러냅니다. 「군주(파나 부추 등 냄새가 나는 야채와 술) 사찰 내 반입 불허」라고는 하지만 한편으로는 술을 반약탕이라고 고쳐 부를 정도로 절에서도 괜찮다며 술을 비치해 두는 곳도 있으므로 술을 좋아하는 주지도 있는 것입니다. 절에 시주하는 사람들의 모임이나 식을 올릴 때도 술이 빠지지 않기 때문입니다.

술을 마시면서 하는 이야기는 상대가 주지라도 보통 사람과 똑 같습니다. 설법을 가르치는 것이 아닙니다. 경마를 좋아하는 주지라면 경마 이야기를 하는 것입니다. 대개 내기를 거는 일과 사찰은 인연이 깊습니다. 옛날에는 절이 도박장으로 되어버린 곳도 많았다고 하고 도박 관계 은어에는 사찰로부터 유래된 것도 많이 있습니다.

우리들 일에서도 은어라고 할지 암호라고 할지 그런 류의 것이 꽤 있습니다. 단지 최근의 젊은이들은 목수들의 은어 같은 것은 잘 알지 못하기 때문에 나이든 사람끼리 이야기하는 것을 옆에서 들어도 무슨 말인지 모를 수도 있습니다. 예를 들면「너의 일당이 얼마냐?」라는 물음에「1촌 5푼이다.」라는 대답을 했다고 하면 이것은 전쟁 직후라면 15엔을 말하는 것이고 지금이라면 15,000엔의 노임을 받는다는 것을 말합니다. 또「돈은 얼마 얼마다.」라는 말 대신에「가로대는 얼마 얼마다.」라고 말하기도 합니다. 윗사람을「굵은 기둥」이라고 하는 사람도 있습니다.

법륭사의
밤에 울리는 「풍경소리」

신축공사의 경우는 건설하면 일단은 끝이 나지만 문화재 일은 그것으로 끝나지 않습니다. 수리공사가 끝난 후에도 생각해야 할 것이 많고 함께 일 했던 사람들과 재 논의할 사항도 많이 있습니다.

우리들이 일하고 있는 것을 외부에서 보는 것만으로는 잘 알 수 없다고 생각되는데 머리 속에서는 시종 여러 가지 것들을 생각하면서 일하고 있는 것입니다. 어떤 식으로 일을 해야 되는지 등을 늘 생각하는 것입니다. 어떻게 해야 하는지 모르는 경우도 많이 있기 때문에 심오한 면이 있습니다.

그런데 최근에는 옛날처럼 의논하는 경우가 줄어들고 있습니다. 우리들이 젊었을 때는 그날 일이 끝나면 목수들과 사무소에 있는 사람들이 함께 모여 술을 마시면서 의논을 많이 했습니다. 그렇게 하는 가운데서 배운 것도 많이 있습니다. 그런 것이 요즘에는 거의 없어졌습니다.

특히 젊은 사람들이 의논하는데 참여하지 않는 것입니다. 일이 끝나면 곧바로 집으로 돌아가는 사람이 많아졌습니다. 또한 이쪽에서 가르쳐 주면 그 이야기를 듣지 않는 것은 아니지만 젊은 사람들이 질문하는 경우도 많이 줄어들었습니다. 왜 그렇게 되었는지 모르겠습니다. 일을 배울 수 있는 기회인데도 그것을 이용하려는 마음이 희박해져 버렸습니다.

요즘의 젊은 사람들은 일을 끝내고 따로 하고 싶은 것도 많겠지만 어쩐지 서글퍼집니다. 공적인 일과 사적 생활은 그렇게 확실하게 구분되어야 한다는 그런 사고방식이 벌써 통용된 것 같습니다.

아무튼 옛날에는 술을 마셔도 일에 관한 이야기를 했습니다. 그것도 술을 마시면서 두 시간이나 세 시간씩 의논을 합니다. 술자리에서 신경을 곤두세우다 보면 의논이 끝나고 숙소로 돌아온 후에도 꼬리를 물고 생각나서 문득 정신을 차리면 아직도 일 생각을 하고 있는 경우도 자주 있습니다. 보통 때는 잠이 잘 오지만 이런 때는 잠이 잘 오지 않습니다.

옛날에는 술을 정말 자주 마셨습니다. 체력이 어느 정도 있었기 때문입니다. 오노미치에 있을 무렵에는 술이나 생선이 맛이 있는 집이 있어서 거의 매일 밤 술을 마시는 생활을 했습니다. 어느 곳을 가든지 맛있는 곳이 있는데 그것도 떠돌이 목수의 즐거움 중의 하나입니다. 오노미치에서는 생선이 맛있고 키타카타 같이 산이 많은 곳에서는 신선한 산채나물 등이 맛있습니다. 휴일에는 여행 삼아 맛있는 곳을 찾아 먹으러 다니기도 합니다.

요즘에는 저도 일이 끝나고 술을 마시러 가는 일이 줄어들게 되었습니다. 옛날과는 술 마시는 방식이 바뀌고 있습니다. 지금은 일을 마치고 돌아오면 술을 약간 마시고 곧바로 잠자리에 드는 경우가 많습니다. 과음을 하지 않고 밤 8시가 지나면 잠자리에 듭니다. 아침에도 일찍 일어납니다. 새벽 3시경에 일어나서 작업장에 갈 시간이 될 때까지 책을 읽거나 TV를 보다가 시간이 되면 스스로 만든 도시락을 가지고 작업장에 나갑니다.

작업장에도 도시락을 판매하는 곳이 있기 때문에 그것을 사 먹어도 되겠지만 제가 싫어하는 것이 많이 들어있고 맛도 너무 달고 짜고 기름기도 많아 스스로 만든 도시락을 더 좋아합니다.

저는 어린 시절부터 자취를 했기 때문에 도시락 싸는 것은 조금도 어렵지 않습니다. 그래도 옛날과 비교하면 많이 먹지 않게 되었습니다. 옛날에는 밥을 가득 눌러 담은 큰 도시락을 가지고 다닌 사람도 많았는데 지금은 그런 도시락을 가지고 다니는 사람은 없습니다. 힘쓰는 일은 기계가 맡아서 해 주는 경우가 많으니까 밥도 적게 먹게 된 것입니다.

우리들 일도 쉬는 날이 많아져서 지금은 격주로 주5일 근무를 하고 있습니다. 휴일이 늘었어도 별다른 취미가 있는 것은 아니니까 후지에다의 집에 다녀오는 것을 낙으로 삼고 있는 정도입니다. 옛날에는 낚시도 하러 다녔지만 지금은 하지 않습니다. 계속하고 있는 것은 경마 정도로 자주 경마장을 갑니다. 전화로 마권을 사는 것은 재미가 없습니다. 먼 지방 경마장까지는 가지 않더라도 홋카이도를 제외하고 일본에 있는 경마장에는 자주 가는 편입니다. 일을 하면서 가는 곳마다 경마장이 있기 때문입니다. 간사이 지방에서 일을 하고 있을 때는 쿄토 경마장과 한신 경마장이 있고, 세토나이에서는 히로시마 장외 마권매장이 있고, 조금 멀리가면 고쿠라 경마장도 있습니다. 경마는 벌써 30년 정도 계속하고 있습니다.

일하는 곳에 따라서는 사찰 안에 숙소가 있는 곳도 있습니다. 1973년 경 법륭사 목욕탕 수리 공사를 했을 때는 법륭사 안에 숙소가 있었습니다. 여기서 목욕탕이라는 것은 목욕을 하는 곳인데 탕 속으로 들어가 몸을 담그는 것이 아니고 물을 끼얹는 목욕을 말합니다.

절 안에서 사는 것은 운치가 있어서 좋습니다. 그 때는 아내도 함께 있었습니다. 관광객도 끊어진 저녁 무렵 아주 조용해진 가운데 천년 전의 건물이 온화하게 그 자리에 머물고 있는 모습을 바라봅니다. 그리고 평온한 풍경 소리가 들려옵니다. 이런 가운데 있으면 자연히 하찮은 세상일들은 생각나지 않게 되는 것입니다.
　법륭사를 매우 좋아하는 작가인 코우다아야씨를 만나는 경우도 있습니다. 항상 단정한 옷차림으로 법륭사를 자주 찾는 사람입니다. 그의 아버지인 코우다로한씨가「오중탑」이라는 명작을 썼기 때문에 아야씨도 궁궐목수의 심정을 잘 알고 있다고 생각합니다.

유령의 정체를 보여주는
마른 억새풀

일하는 곳의 숙소는 일을 위해서 있는 것이므로 자기 좋은 대로 골라서 있을 수가 없는 것입니다. 큰 불편함이 없이 비와 이슬을 막아주는 정도라면 참고 지내야 하는 것입니다. 단지 여기가 좋다고 현지에서 권하는 곳으로 가 보았을 때 어딘가 모르게 마음이 내키지 않는 곳이 있습니다. 그래서 별도의 집을 빌리게 되면 처음에 권했던 방에 도둑이 들었다든지 실은 그 방에서 사람이 죽었다든지 하는 이야기를 듣게 되는 경우가 있습니다. 뭔가 느낌이 있는지도 모르겠습니다.

수리 공사를 하는 현장에서도 여러 가지 일들이 있습니다. 쿠마모토성 일을 했을 때는 처음에 현장을 보러 갔을 때 어떤 큰 방 앞을 지나가게 되었는데 뭔가 섬뜩한 느낌이 들었습니다. 그 이야기를 원주민에게 했더니 「이 전에 공사를 했던 때도 그런 똑같은 이야기를 한 사람이 있었습니다. 그런데 신관이 와서 액땜을 하니까 괜찮게 되었습니다.」라고 가르쳐 주었습니다. 사무라이(무사)가 죽었던 방인지 아니면 전쟁 전에는 군대가 머물렀던 방인지 그 당시 무엇이 있었는지는 자세하게 알 수가 없습니다.

다른 사찰에서는 아무도 없었는데 발자국 소리를 들었던 경우도 있습니다. 함께 일을 하고 있던 사람도 하얀 옷을 입은 사람을 보았다는 이야기를 했습니다. 그런 이야기를 들으면 역시 기분 좋을 리가 없습니다.

또 저 자신과는 별개의 이야기이지만 킨키 지방에 있는 어느 사찰 공사에서는 사무소에 근무하는 기술협회의 젊은 직원이 「밤중이 되면 많은 사람이 함성을 지르는 듯한 소리가 들려옵니다. 이런 곳에는 있고 싶지 않습니다.」 라는 말을 하고 사무소를 나가 버렸다는 이야기도 있습니다.

위대한 무사 장군의 위패를 모시는 사찰이므로 그의 군대가 지르는 소리일 것이라는 사람도 있지만 진정한 정체는 알 수 없는 것입니다. 「유령의 정체를 보여주는 마른 억새풀」이라는 말도 있으니까요.

이 사찰 공사에서는 그런 이야기가 나온 탓인지 십 몇 명이었던 사람 중에서 반 정도의 사람이 불의의 부상을 당하거나 입원을 하기도 했습니다. 사찰 측에서도 걱정이 되어서 매월 한 두 번씩 불경을 올리게 되었고 그것을 시작으로 해서 부상이나 병이 없어지게 되었습니다.

저는 오랜 세월동안 궁궐목수를 하고 있는데 입원할 정도의 큰 부상을 당하거나 병에 걸린 적은 최근까지 한 번도 없습니다. 원래부터 튼튼한 체질인 모양입니다. 유령이나 귀신 이야기를 들어도 그 때는 무섭다는 기분도 들지만 계속해서 마음에 갖고 신경 쓰지는 않습니다.

또한 재난 같은 것도 당하지 않을 것이라고 생각합니다. 궁궐목수는 사찰을 수리하고 고쳐주는 좋은 일을 하는 것이므로 나쁜 일을 당한다면 오히려 이상한 것이 아니겠습니까? 궁궐목수에게 유령이 나타나서 나쁜 일이 생긴다는 것은 이치에 맞지 않습니다. 유령에게도 이치가 통하는지는 모르지만 아무튼 저는 그렇게 생각하고 있습니다.

천년 전의 목수와
「날마다 대화」 하기

저는 다른 사람들이 보면 완고하게 보이는 것 같습니다. 어느 현장 감독은 잡지사의 취재에서 저에 대하여 물으면 「마츠우라씨는 집념이 강한 만큼 열심이 있고 몇 번인가 그만두려고 생각한 적도 있었습니다.」라는 이야기를 할 정도입니다. 저는 잘못된 수리는 하고 싶지 않으므로 모르는 것이 나오면 확실하게 저의 의견을 표명하고 있는데 그것이 완고하다고 말하는 이유인지 모르겠습니다. 그렇지만 잘못된 수리를 하게 되면 다음 수리할 때 목수가 힘들게 됩니다. 잘못된 것을 보고도 그것이 맞는다는 잘못된 생각을 가지게 해서는 안 되기 때문입니다.

목수는 시키는 대로하면 된다는 사고방식도 있을지 모르지만 학자라고 해서 모든 것을 전부 다 알고 있는 것은 아닙니다. 서로 모르는 사람끼리라면 의논해야 할 부분은 의논을 하는 것이 좋다는 것이 저의 생각입니다. 목수는 목수로서 보는 눈과 생각하는 방식이 있는 것이므로 학자에게도 참고가 될 것임에 틀림없기 때문입니다.

오노미치의 정토사에서도 기술 전문가인 사람과 의견이 엇갈린 적이 있습니다. 문에 사용되는 목재 중에서 안쪽을 향하고 있는 1촌정도 구부러진 것이 있는데 그것이 원래부터 구부러져 있다는 것이 저의 생각이었고, 전문가의 의견은 자연히 구부러졌다는 것이었습니다. 그러나 그 목재는 구부러지게 만들어야 휜 처마가 깊어지게 되는 것입니다. 이것은 중세의 목수로서는 상당히 중요한 것입니다. 이런 것을 자연스럽게 구부러졌다고는 생각할 수 없는 것입니다. 그러므로 처음부터 구부러지게 만들었음에 틀림없다고 생각하는 것입니다.

이 논쟁은 결국 자연히 구부러져 비틀어졌다는 것으로 끝이 났고 수리공사 후에 나온 보고서에도 그렇게 써 있습니다. 아마 그 목재가 사용된 곳을 생각한다면 자연히 구부러진 것은 절대로 아니라는 것도 단언할 수는 없습니다. 거기서는 저의 의견에도 좀 미약한 부분이 있어서 저도 끝까지 저 자신의 의견을 밀고 나갈 수는 없었습니다. 그렇지만 그 목재는 두개가 모두 구부러져 있고 약간 떨어진 곳에 사용되고 있기 때문에 두개가 똑같이 자연히 구부러졌다는 것이 아직도 제 자신에게 납득이 안가는 부분이 남아있게 된 것입니다.

이런 결말만을 본다면 저의 생각을 말했던 것이 아무 쓸데없는 것이 되었다는 것이지만 그래도 그런 논의가 있었다고 하는 것을 보고서에 남겨 주었습니다. 그러므로 쓸데없는 것은 아니었습니다. 보고서에 남겨두면 백년 후가 될지 아니면 2백년 후가 될지 모르지만 다음에 수리할 때에 어떻게 수리를 해야 좋을지 생각하는데 힌트가 될 가능성을 남겨두게 됩니다. 의논이 있었다는 것을 기록으로라도 남겨두지 않으면 아무것도 모르는 상태로 다음 수리할 때도 그냥 넘어가 버리게 될지도 모르는 일 아닙니까? 쓸데없는 것이라고 생각하여 말하지 않고 묵묵히 시키는 대로만 일을 하게 되면 그 때는 대충 넘어갈지 모르지만 후회가 남게 되는 일은 하고 싶지 않습니다. 나중에 문득 그 사찰 근처를 지나치게 될 때 들르고 싶지 않은 곳만 있다면 기분이 좋지 않을 것입니다.

특별이 완고하게 되고 싶어서 완고해진 것도 아니고 저 자신은 전혀 완고하다고 생각하지 않지만 그래도 지금까지 해 온 일이니까 완고하다는 것도 아주 나쁜 것은 아닐 것입니다.

저는 결국 죽을 때까지 일개의 목수로서 지낼 것 같습니다. 회사라도 만들어서 사람을 고용하여 일을 하고 싶다는 생각은 추호도 없습니다. 옛날부터 그랬습니다. 사치를 한다든지 돈벌이를 하고 싶다면 저도 토목공사 사무실 사장이라도 되어서 청부업자로 변신할 수도 있었을 것입니다. 또 그렇게 하지 않으면 돈벌이를 할 수 없다 하더라도 돈벌이를 하고 싶다는 욕심이 없으니까 그렇게 하지 않는 것입니다.

중세의 목수들이 도대체 어떤 식으로 건물을 지었는지를 곰곰이 생각해 보면 돈벌이까지 염두 해두지 않았습니다. 저는 제가 좋아하는 중세 건축물 옆에서 일하며 생활할 수만 있으면 그것으로 족하다고 생각하고 있으므로 지금이나 옛날이나 목수로만 살고 있습니다. 그것만으로 만족하고 있습니다. 백년이나 천년 전의 목수들과 매일같이 이야기하면서 일을 하고 또 몇 백년 후에 있을 목수들을 생각하면서 일을 합니다. 문화재 수리라고 하는 일에는 다른 일에서는 맛볼 수 없는 기쁨이 있습니다. 물론 이런 기쁨은 다른 일에도 있기는 하겠지요. 일생동안 목수만 하다가 죽는다는 것은 아내에게는 미안한 마음도 있지만 이해해 주리라 믿습니다.

일을 마치면 언제나 머뭇거림도 없이 곧바로 집으로 돌아가 버리고 서로 의논도 하지 않으며 모르는 일이 있어도 질문도 하지 않는 목수들이 최근에는 늘어가고 있습니다만 세상이라는 것은 뭐든지 잘 풀리고 풍파가 일어나지 않으면 된다는 생각이 전부는 아닌 것입니다. 제가 완고하다는 것은 별개로 치더라도 이런 시대야말로 배우지는 못했지만 완고한 사람도 필요하다고 생각합니다. 아니 완고한 만큼 일에 열중하는 것입니다. 적당히 일을 하게 되면 오랜 세월이 지나도 실력이 붙질 않습니다. 일에 열중하는 가운데서 솜씨도 올라가는 것이고 나름대로 궁리도 하게 되고 기술도 생기게 되어 그 사람의 가치가 올라가는 것입니다. 그래서 차츰 완고하게 되어 갑니다. 능력과 자신감이 없으면 완고함도 생기지 않는 것입니다.

제가 젊었을 때와는 시대도 많이 변했으므로 앞으로는 완고한 사람은 점점 줄어들지도 모르겠습니다. 요즘의 젊은이 사이에 일어난 일들을 보고 있으면 완고하기는커녕 제멋대로 라고 밖에 말할 수 없는 사람이 많이 있는 것 같습니다. 그렇지만 세상은 그런 것이 통용되지 않습니다. 특히 직공의 세계에서는 완고한 것은 좋으나 제멋대로는 절대로 통하지 않습니다.

옛날의 목수들이 열심히 연구해서 만들어 놓은 것을 살펴보면 그것을 잘 알 수 있다고 생각합니다. 목재도 맞추고 사용하는 도구도 맞춰서 일을 하지 않으면 좋은 결과를 얻을 수가 없습니다. 중세의 목수들도 그것을 알고 있었기 때문에 나무의 장점을 최대한 살려서 백년이든 천년이든 오래 가는 건물을 지을 수가 있었습니다. 무엇보다도 좋은 것을 남겼습니다. 거기에 직공의 의지가 들어있고 궁궐목수의 마음도 들어있는 것입니다.

정말로 나무라는 것은 좋은 것입니다. 나무를 판단하는 기준으로 손에 닿은 감촉과 질감이라는 것이 있습니다. 특히 몇 백년씩이나 지난 목재는 멋이 있습니다. 우리 집에도 몇 개 있습니다. 문화재 수리공사에서는 아무래도 새로운 목재로 바꿔야 하는 경우가 생기기 때문에 그런 것은 허가를 받아 두어야 합니다. 벽 아래 부분에 대는 판자 같은 것은 오랫동안 비바람에 삭아버린 경우도 있기 때문입니다. 마치 끌로 뭔가를 잘라놓은 듯 눈에 보이는 모양이 들떠있는 판자도 있습니다.

아무것도 모르는 사람이 보면 더러운 판자를 왜 방안에 놓아두고 소중하게 장식해 두었는가 하고 생각하겠지만 이것이 몇 백 년의 눈바람을 견디면서 건물을 지탱해 온 것이고, 게다가 옛날 목수들이 그 목재를 사용해서 건축했다는 것을 알게 된다면 각별한 맛을 느끼는 것입니다. 손으로 만져보면 옛 목수들의 얼굴이 떠오르는 것 같은 느낌을 주는 것도 있습니다. 요즘의 건자재도 좋은 것들이 많겠지만 요즘의 건자재에서는 이런 맛이 절대로 나오지 않습니다.

목재의 변화만이 아니고 에도시대의 키쿠쥬츠처럼 손쉬운 매뉴얼만 있는 세상에서는 소중한 것들이 점점 사라져 간다고 생각합니다. 매뉴얼이 나쁘다고는 할 수 없지만 직공이 매뉴얼에만 의존하게 되면 그 생명은 끝난 것입니다. 무심코 나무와 마주치고, 목재와 마주치고, 기술과 마주치는 가운데서 새로운 것이 생겨나는 것입니다. 그런 의미에서 중세의 목수들은 참으로 소중한 분들입니다. 세토나이의 사찰을 갈 기회가 있으시다면 부디 중세 목수들이 남기고 간 건축물을 살펴봐 주시기 바랍니다. 거기에서 세계 최고의 목조건축 기술과 일본의 美를 보실 수 있을 것입니다.

다시 출판하면서 쓴 후기

　문화재 전문 수리목수의 이야기 같은 것이 얼마만큼 사람들의 관심을 끌 수 있을까요? 단행본「궁궐목수 천년의 지혜」가 출간되었을 때 저는 그런 걱정을 했었습니다. 그것은 저에게 있어서는 처음으로 출간하는 책이기도 했기 때문입니다.
　그렇지만 막상 책이 세상에 나오니까 상당히 재미있다는 반응을 많이 받아서 뜻밖에 즐거움을 맛보게 되었습니다. 출판사에 당도한 독자들의 편지만 해도 500통이 넘었습니다.
　문화재 보존 수리는 화려한 직업은 아닙니다. 몇 백 년 전이나 몇 천 년 전에 건립된 것을 신중하게 해체 조사해서 옛 목수들의 뛰어난 업적을 보존하면서 수리해야 할 곳을 수리하여 일본의 보물을 다음 세대에 계승해 가는 것입니다.
　그렇지만 건물에는 외부로부터 보이지 않는 부분도 있기 때문에 일단 다시 조립해 버리면 우리들이 어떤 일을 했는지 알아주는 것은 백년이나 2백년 후의 수리목수들 뿐이라는 것입니다. 그런 재미없는 일을 하고 있는 사람의 이야기를 재미있게 읽어주신 분들이 저의 예상보다 훨씬 많이 있었습니다. 저는 그런 것에 놀라움을 금치 못하는 동시에 큰 기쁨을 느끼고 있습니다.

옛날 것이니까 질이 떨어진다든가 옛날 것이니까 요즘에는 통용되지 않는다든가 지금처럼 바쁜 시대에는 그런 식으로 생각하는 사람이 많아지면 곤란하다고 생각할 수 있으나 일본의 전통적인 목조건축에 있어서는 그런 생각이 틀리다는 것은 말할 필요도 없습니다.

일본 목조건축 기술은 명백히 옛날이 더 우수했고 거기에는 일본사람으로서의 "美" 에의 깊은 사고와 지혜가 담겨있는 것입니다. 그것은 지금도 세계에 자랑할 수 있는 일본의 보물입니다.

앞으로도 이 보물을 지키고 장구한 후세에 물려주기 위해서는 궁궐목수 등 여러 가지 분야의 기술자 양성이 필요한 것은 말할 나위도 없겠지만 널리 일반 국민들에게 이해를 넓혀 주는 것도 중요한 일이 아니겠습니까?

일본인의 美에의 사상과 지혜의 깊이에 더욱더 많은 국민들이 관심을 가져 주시기 바랍니다. 그런 점을 마음속으로 빌면서 이 책을 다시 출판합니다.

2002년 가을

마츠우라쇼우지(松浦昭次)

역자 후기

    2003년 2월 18일 아침 9시 52분에 발생한 대구 지하철 방화 참사는 우리 온 국민의 가슴을 찢어 놓았습니다. 200여명이 사망 또는 실종되고 140여명의 부상자가 발생한 대형 참사였습니다. 한 정신지체 장애인의 세상에 대한 화풀이가 그렇게 어처구니없는 큰 참사를 가져왔던 것인데 그 방화범의 잘못은 두말할 것도 없겠지만 이 사건으로 말미암아 화재 등 재해에 대하여 지하철이 얼마나 무방비했는가를 여실히 드러내고 말았습니다. 만약 이와 똑같은 사건이 일본에서 일어났다면 희생자는 훨씬 적었을 것이라고 일본 언론은 보도했습니다. 기관차를 만들 때부터, 지하철 공사를 할 때부터, 비상시 대처하는 요령을 기관사들에게 교육할 때부터 원칙을 중시하고 승객의 안전을 생각했더라면 그렇게 참사를 키우지는 않았을 것입니다.

    제가 이 「천년을 이어온 궁궐목수의 삶과 지혜」라는 책을 번역하고 있는 동안에 이 참사는 일어났습니다. 이 책의 저자인 마츠우라쇼우지씨는 현재 74세로 젊어서부터 줄곧 일본의 국보나 문화재인 사찰과 신사를 전문적으로 수리하는 목수의 일을 지금까지 계속하고 있는 분입니다.

이 책을 통해서 저자가 말하고자 하는 것이 바로 눈앞의 이익만 생각하지 말고 무슨 일을 하든지 기본에 충실하고 원칙을 중시하여 후대에 아름다운 것을 물려주어야 한다는 것을 깨우쳐주고 있습니다. 우리나라 지하철 관계자들이나 우리 온 국민이 이 책 저자와 같은 마음가짐으로 자기 맡은 일을 감당했더라면 이번 화재 참사는 그렇게 커지지 않았으리라 생각됩니다.

이 책을 번역하면서 저 자신도 말로 표현할 수 없는 감동을 받았고 또 많은 것을 느꼈으며 저 자신을 돌아보는 기회가 되었습니다. 저 자신도 우리 조상들의 지혜가 얼마나 훌륭한 것인지를 절실히 생각해 보지 못했음을 고백합니다. 우리 조상들이 지금보다 훨씬 지혜로웠고 후대를 생각하며 좋은 업적을 남겼음을 박물관 등을 방문했을 때만 잠시 느낄 뿐 일상생활 가운데서는 늘 잊어버리고 눈앞의 이익만을 쫓아다니며 살아 왔습니다. 앞으로 남은 삶은 기본에 충실하면서 원칙을 중시하고 우리 조상들의 훌륭한 정신과 업적을 배우며 후대를 위해 아름다움을 남기는 삶을 살아야 하겠다는 다짐도 해 보게 됩니다.

이 책을 통하여 일본 중세시대의 옛 목수들의 지혜와 건축물의 아름다움을 마음으로 만져볼 수 있었고, 평생 목수 일에 전념한 저자의 자기 일에 대한 아름다운 자세와 마음가짐을 느낄 수 있었으리라 생각됩니다. 비록 일본 사람이지만 배워야 할 점이 너무 많은 것 같습니다.

이 책을 번역할 수 있도록 추천해 주시고 주선해 주신 하나은행 김승유 은행장님과 사업자금융팀 권태길 팀장님께 감사를 드리고, 특별히 번역하는데 많은 조언을 해주신 다까노 선생님께 고맙다는 인사를 대신합니다.

끝으로 대구 지하철 방화 참사로 슬픔을 당한 유가족들에게 하늘로부터 내리는 큰위로가 함께 하시기를 기원합니다.

2003년 3월
윤 재 철

 ## 저자

저자 마츠우라 쇼우지씨는 1929년 시즈오카현 후지에다市에서 출생하여 17세에 부친의 발자취를 따라 궁궐목수의 세계로 입문하였고 그 이후 50년 이상을 전국 각지의 보물과 중요 문화재 건축물의 보존 수리공사에 종사하였습니다.

해주산사의 오중탑(쿄토) 등 국보 5개소, 법륭사의 산문(나라) 등 중요문화재 27개소의 수리 공사를 맡아서 일을 하고 있는 문화재 전문 마지막 궁궐목수로 불려지고 있습니다.

1999년 6월 목조건축의 목수 도편수로서는 작고하신 니시오카츠네카즈씨에 이어서 2번째가 됩니다.

「기술자인 인간국보」(정식명칭은 선정보존기술 보지자)로 인정받고 있습니다.

74세가 된 현재도 야마쿠치현 호우후시 주방 국분사 금당 개보수 공사를 도편수로서 지휘하고 있습니다.

저서로는 「궁궐목수 천년의 손과 기능」이 있습니다.

 ## 역자

윤 재 철

- 한국방송통신대학 경영학과 졸업
- 한국방송통신대학 일본학과 졸업
- 현재 중동 하나은행 지점장
- 번역서 : 가야마유조 作 「이 사랑 영원히」 (J&C출판사)

천년을 이어온
궁궐목수의 삶과 지혜

초판1쇄 인쇄 · 2003년 4월 22일 | 발행 · 2003년 4월 30일

발행인 · 윤석용
저　자 · 마츠우라 쇼우지
역　자 · 윤재철
발행처 · 제이앤씨
등록번호 · 제7-220 | 전화 · (02) 992/3253 | 팩스 · (02) 991/1285
서울시 도봉구 쌍문동 528-1 | jncbook@hananet.net
　　　　　　　　　　　　　　　www.jncbook.co.kr

ISBN 89-5668-025-6　03610

ⓞ 宮大工千年の知恵
ⓒ shoji Matsuura 2002 祥伝社
　 2003 J&C Printed in Seoul Korea